COLLANA HHO VI

Costruzione di generatori elettrici funzionanti con sola acqua

Nel Regno Unito, tre uomini sono riusciti nel loro laboratorio a far funzionare con sola acqua un generatore elettrico, con mezzi semplici che rientrano nel campo di applicazione del fai da te.

Hanno comprato un generatore elettrico di 5,5 kilowatt standard a benzina tramite eBay e sono riusciti a farlo funzionare senza l'uso di benzina.

Hanno utilizzato un flusso di gas HHO che hanno misurato in soli 3 lpm e lo hanno provato con un carico di 4 chilowatt di elettrodomestici vari.

Successivamente hanno abbandonato il generatore e si sono dedicati ad un motore molto più grande, in quanto i loro piani sono di vendere energia elettrica alla società elettrica locale.

Hanno riferito: *"l'apparecchio è stato fatto da noi tre ed alimentato con sola acqua/elettrolita (non è un elettrolita standard, 0,4% in volume), è un generatore a benzina da 5 kW (circa 300 cc); vi abbiamo attaccato un alternatore che carica costantemente e a 12 Volt e 55 Amp/ora, una batteria di una Chevrolet che, a sua volta, alimenta sei celle ad HHO, ognuna delle quali assorbe 6 watt, per un totale di 36 watt.*

Le uscite di questi elettrolizzatori sono collegate in serie, ed alimentano, a bassa pressione, un serbatoio da "campeggio" tipo butano che ha 1,1 Atm alla valvola di uscita del gas.

Questo serbatoio alimenta la presa d'aria del generatore ed è regolabile con una valvola.

Abbiamo caricato alla presa di corrente da 30 Amp del generatore, trapani, riscaldatori di lavoro, ecc, per più di quattro ore, il carico massimo che abbiamo provato è stato di 4 chilowatt, con un bollitore uso bar e due trapani.

Le celle a forma di tubo sono in plastica pesante (per 5.51 bar di pressione), all'interno ci sono 4 tubi di acciaio inossidabile (3 positivi ed 1 negativo).

Ogni cella ha prodotto 1 litro di gas ogni due minuti, per un totale di 3 litri al minuto, non surriscaldandosi, anche se alla fine sono diventati caldi al tatto".

Non avendo intenzione di vendere generatori modificati, non hanno avuto obiezioni alla condivisione delle informazioni che seguono.

Ecco come hanno fatto il loro generatore acquistato su eBay funzionante senza benzina:

La costruzione di un Generatore Elettrico Senza Combustibili Fossili

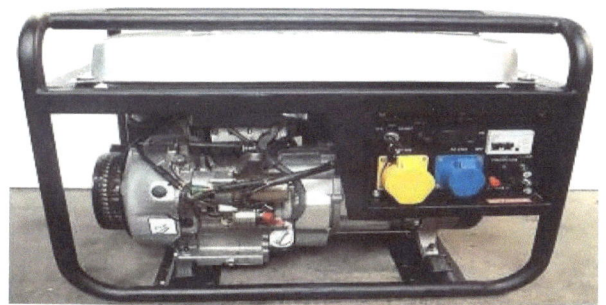

Considerazioni generali

Al fine di raggiungere questo obiettivo, molto simile a quello di Stanley Meyer, abbiamo bisogno di alimentare il motore con **tre cose**:

1. Aria - questa è alimentata in modo normale attraverso il filtro d'aria esistente.
2. HHO gas - come fare questo è già stato spiegato in modo molto dettagliato.
3. Una nebbia di goccioline d'acqua molto piccole, a volte chiamata "nebbia d'acqua fredda".

Inoltre, abbiamo bisogno di fare **due modifiche** al motore:

1. Fasatura di accensione che deve essere ritardata di circa undici gradi.

2. Se c'è una scintilla "inutile o parassita", deve essere eliminata (motori monocilindrici).

In sintesi, quindi, abbiamo bisogno di una buona dose di lavoro per ottenere tutto ciò, e precisamente:

1. deve essere costruito o acquistato un elettrolizzatore, anche se il tasso di produzione di gas richiesto non è particolarmente elevato;
   2. deve essere costruito o acquistato un generatore di nebbia di acqua fredda;

3. devono essere installati tubi per portare queste due voci nel motore;
4. deve essere ritardata la fasatura del motore;
5. deve essere soppressa qualsiasi scintilla inutile;
6. sono necessari i serbatoi d'acqua sia per la nebbia di acqua fredda che per rabboccare il livello del liquido dell'elettrolizzatore;
7. Idealmente, deve essere fornita una qualche forma di ricarica automatica dell'acqua per questi due serbatoi in modo che il generatore possa funzionare per lunghi periodi non presidiato.

Se si omette sia il materiale elettrico di sicurezza, che l'impianto di sicurezza del gas HHO che abbiamo già spiegato nel dettaglio, e si saltano anche i particolari dell'automatizzazione dell'approvvigionamento idrico e la batteria per il primo avvio, uno schizzo generalizzato del dispositivo complessivo si presenta così:

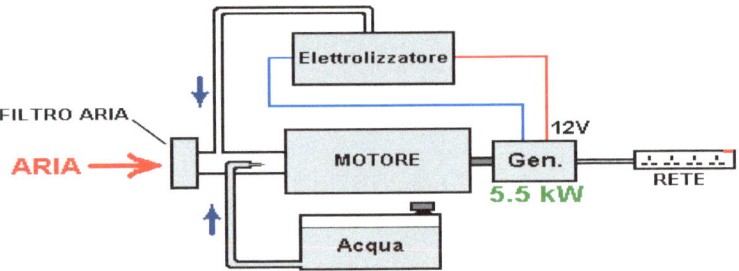

Qui, è stato scelto di alimentare il gas HHO nel sistema di aria dopo il filtro dell'aria (cosa che normalmente bisognerebbe evitare in quanto non è utile per l'efficienza della produzione di gas HHO, ma il primo passo è quello di riprodurre esattamente questo metodo innovativo prima di vedere se può essere ulteriormente migliorato).

Anche in questa stessa area è alimentata la nebbia d'acqua fredda che comprende un gran numero di gocce molto piccole.

L'aria entra, poi, normalmente in questa zona attraverso l'esistente filtro dell'aria.

Questo ci dà i tre componenti necessari per il funzionamento del motore del gruppo elettrogeno senza l'uso di combustibili fossili.

Come creare la Nebbia Fredda

Ci sono tre modi diversi per generare lo spruzzo di gocce d'acqua finissime che costituiscono un elemento chiave del successo di questo modo di far funzionare il motore.

Un modo è quello di utilizzare un tubo di Venturi che, mentre può sembrare un dispositivo complesso, è in realtà molto semplice nella costruzione:

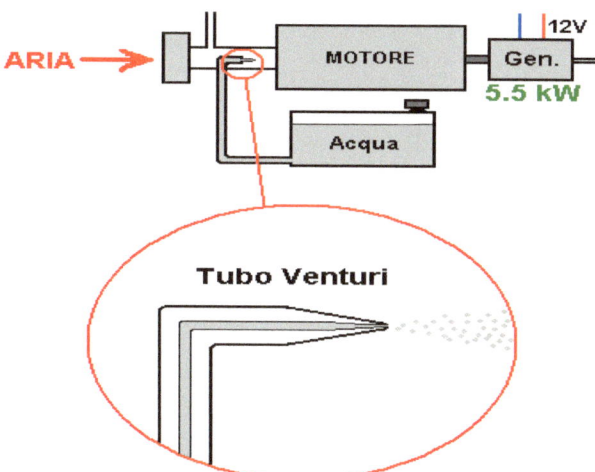

Infatti è solo un tubo che si assottiglia in punta e che ha un ugello molto piccolo, che appena il motore comincia ad aspirare la miscela aria/HHO nella sua corsa di aspirazione, fa uscire una nebbiolina d'acqua dall'ugello.

L'aspirazione del motore, quindi, crea un'area di bassa pressione all'esterno dell'ugello, che "tira fuori" l'acqua con uno spruzzo di goccioline finissime.

Alcune bottiglie di profumo a spruzzo utilizzano questo metodo in quanto è economico ed efficace.

Un metodo alternativo per fare la nebbia di acqua fredda è quello di utilizzare uno o più nebulizzatori stagni, che sono piccoli dispositivi ad ultrasuoni, tenuti in acqua alla profondità operativa ottimale da un galleggiante.

Producono grandi quantità di nebbia di acqua fredda che può essere immessa nel motore come qui di seguito illustrato:

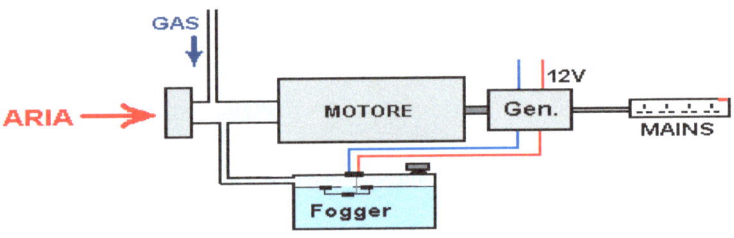

Un terzo metodo è quello di utilizzare un carburatore piccolo del tipo utilizzato dagli aeromodelli, che fa lo stesso lavoro di un normale carburatore del motore, alimentando con uno spruzzo di minuscole goccioline d'acqua la presa d'aria del motore.

La disposizione fisica di questa opzione dipende dalla struttura del filtro dell'aria del generatore di corrente che eventualmente deve essere modificato.

Si noterà che chi ha fatto questo nel Regno Unito, ha utilizzato un piccolo serbatoio di gas con applicata una valvola di rilascio della pressione da 1,22 Atm.

Questo non è possibile con la qualità del gas HHO in quanto non può essere compresso molto, tuttavia con un grado inferiore di HHO che è mescolato in parte con del vapore d'acqua, è possibile avere un serbatoio di gas con quel livello di pressione.

In questo caso, eccetto forse all'inizio, il tasso di produzione del gas non è probabilmente abbastanza alto da permettere una pressione molto elevata all'interno del serbatoio.

Ovviamente, sia il pressostato del gas sul elettrolizzatore che quello del serbatoio di stoccaggio del gas avranno simili pressioni operative.

Alcune Caratteristiche di Sicurezza

Fino a questo punto, l'elettrolizzatore è stato illustrata in maniera schematica, ma in pratica è essenziale che alcune caratteristiche di sicurezza siano previste come mostrato sotto:

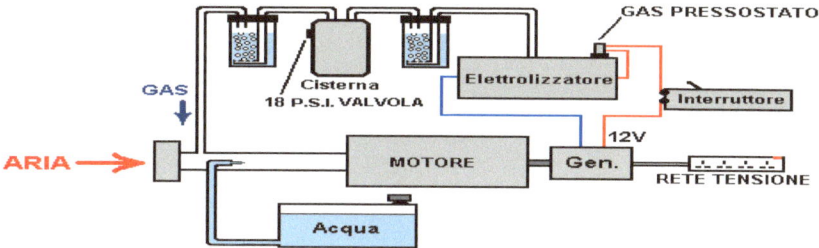

Questi dispositivi di sicurezza dovrebbero essere noti a tutti ormai, come si è già spiegato in precedenza in questo documento.

Il Motivo per Cambiare la fase della Scintilla

Nei capitoli precedenti abbiamo parlato della così detta "scintilla inutile", approfondendone la comprensione, vogliamo adesso trattare da un punto di vista chimico il fenomeno inserito nell'ambito dell'uso dell'HHO nei casi finora trattati.

I combustibili utilizzati con motori a combustione interna sono per lo più benzina o gasolio; se non si è esperti di chimica, allora probabilmente non si sarà a conoscenza della struttura di questi combustibili.

Questi combustibili sono chiamati "idrocarburi" perché sono composti da idrogeno e carbonio.

Il carbonio ha quattro legami e così un atomo di carbonio può collegarsi a quattro altri atomi per formare una molecola.

La benzina è una lunga catena di molecole con qualcosa come 7-9 atomi di carbonio in una catena:

$$H-\overset{\overset{H}{|}}{\underset{\underset{H}{|}}{C}}-\overset{\overset{H}{|}}{\underset{\underset{H}{|}}{C}}-\overset{\overset{H}{|}}{\underset{\underset{H}{|}}{C}}-\overset{\overset{H}{|}}{\underset{\underset{H}{|}}{C}}-\overset{\overset{H}{|}}{\underset{\underset{H}{|}}{C}}-\overset{\overset{H}{|}}{\underset{\underset{H}{|}}{C}}-\overset{\overset{H}{|}}{\underset{\underset{H}{|}}{C}}-\overset{\overset{H}{|}}{\underset{\underset{H}{|}}{C}}-H$$

Il gasolio ha la stessa struttura ma con 11-18 atomi di carbonio in una catena.

In un motore a benzina, un getto fine di benzina è inviato in ogni cilindro nella fase di aspirazione.

Idealmente, il carburante dovrebbe essere sotto forma di vapore, ma ciò non è ben visto dalle compagnie petrolifere perché potrebbe dare altissime prestazioni del veicolo, nel range di 40-120 Km/lt, il che taglierebbe i profitti delle vendite di petrolio.

La benzina nel cilindro, quindi, viene compressa durante la corsa di compressione, e mentre si riduce il suo volume la sua temperatura aumenta sostanzialmente.

L'aria/miscela di combustibile viene poi incendiata con una potente scintilla che fornisce energia sufficiente per avviare una reazione chimica tra il combustibile e l'aria.

Poiché la catena idrocarburica ha una molecola grande, richiede un pò di tempo affinché prima si rompano i singoli atomi che poi si combineranno con l'ossigeno dell'aria.

La potenza del motore è prodotta principalmente da atomi di idrogeno che si combinano con l'ossigeno; questa è una reazione che produce una grande quantità di calore.

Gli atomi di carbonio non sono particolarmente utili, in quanto formano essenzialmente depositi carboniosi all'interno del motore, per non parlare di qualche molecola di monossido di carbonio (CO) e di anidride carbonica (CO_2).

Il fattore fondamentale è il leggero ritardo tra l'accensione e la combustione del carburante.

La combustione deve avvenire pochi gradi dopo il punto morto superiore, quando il pistone sta per iniziare il suo movimento verso il basso nella corsa di potenza, ma a causa del ritardo causato dalla rottura della catena idrocarburica, la scintilla si verifica qualche grado prima del detto Punto Morto Superiore:

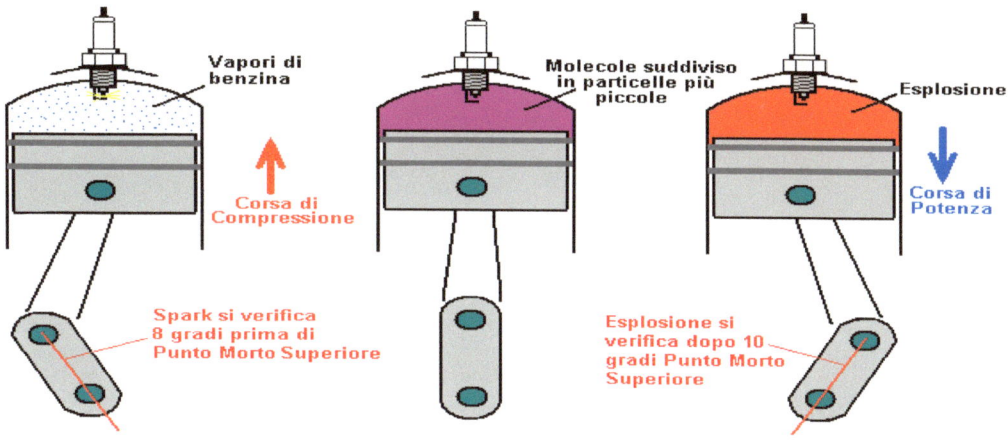

Se si dovessero sostituire i vapori di benzina con il gas HHO, allora ci sarebbe un grosso problema, in quanto il gas HHO ha molecole di dimensioni molto piccole che non necessitano di alcun tipo di rottura per diventare ancora più piccole e che bruciano istantaneamente con forza esplosiva.

Il risultato sarebbe una esplosione che si verifica troppo presto e che si oppone al movimento del pistone in salita, come mostrato qui:

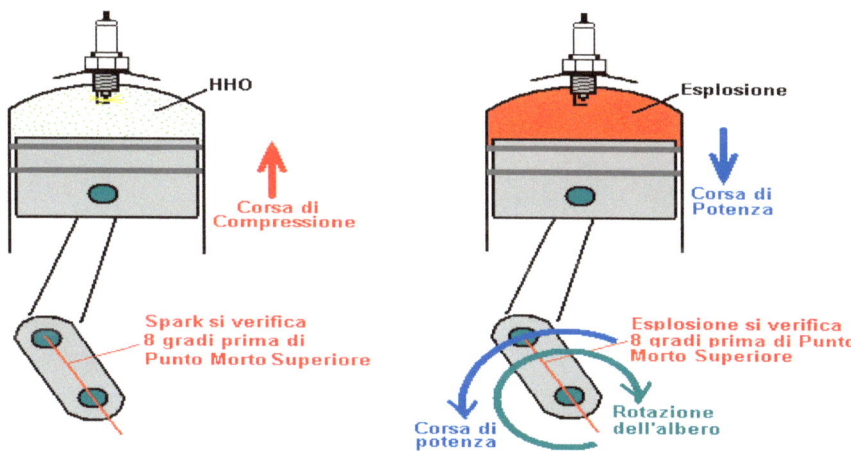

Le forze imposte sulla biella del pistone sarebbero così elevate che sarebbe molto suscettibile a rompersi e causare ulteriori danni al motore.

Nel caso del nostro generatore elettrico, non sarà soltanto l'alimentazione di una miscela di aria e gas HHO, ma invece, una miscela di aria, gas HHO e nebbia d'acqua fredda.

Ciò ritarderà la combustione del gas HHO di un piccolo lasso di tempo, ma è comunque importante che la scintilla si verifichi successivamente al punto morto superiore, così l'accensione del generatore dovrà essere ritardata di undici gradi.

La progettazione del motore, poi, varia notevolmente in dei modi che non sono ovvi ad una rapida occhiata, infatti i tempi di apertura delle valvole sono qui un fattore importante.

Nei motori più piccoli e più economici, la progettazione del motore è semplificata dal non avere fasatura di accensione per mancanza dell'albero a camme.

I consumi sono bassi in quanto si prende come fasatura di accensione quella in uscita dall'albero.

Questo produce una scintilla ad ogni rotazione del motore ma, se è un motore a quattro tempi, la scintilla deve avvenire solo sulla corsa di potenza che avviene ad ogni seconda rivoluzione dell'albero in uscita.

Se il carburante è benzina, allora non importa se la scintilla supplementare avverrà verso la fine della corsa di scarico quando solo gas combusti sono presenti nel cilindro.

Alcuni si preoccupano quando pensano che nella combustione del gas HHO si verifichi la produzione di acqua all'interno del motore, e pensano che ciò crei fragilità da idrogeno e ruggine.

Tuttavia, a causa della natura del combustibile idrocarburo già in uso, il motore funziona comunque principalmente con idrogeno e da sempre ha prodotto acqua.

L'acqua, poi, sotto forma di vapore o vapore soprassaturo, con il calore del motore si asciuga quando il motore è fermo, inoltre l'infragilimento da idrogeno non si verifica a seguito dell'utilizzo di un gas HHO.

In ogni caso, se dovessimo ritardare la scintilla fino a dopo il punto morto superiore come si dovrebbe, allora la situazione sarebbe ben diversa, così come la scintilla parassita dovrà anche essere ritardata dello stesso periodo.

Nella maggior parte dei motori, a questo punto del ciclo di combustione, la valvola di scarico si è chiusa e la valvola di aspirazione aperta.

La nostra miscela di gas essendo molto infiammabile verrà alimentata nel motore nella sua fase di aspirazione, questo significa che il sistema di alimentazione del gas è collegato al cilindro attraverso la valvola di aspirazione aperta e, quindi, la scintilla parassita accenderebbe il nostro sistema di alimentazione del gas (fino al Gorgogliatore che soffoca il ritorno di fiamma), la situazione è mostrata qui:

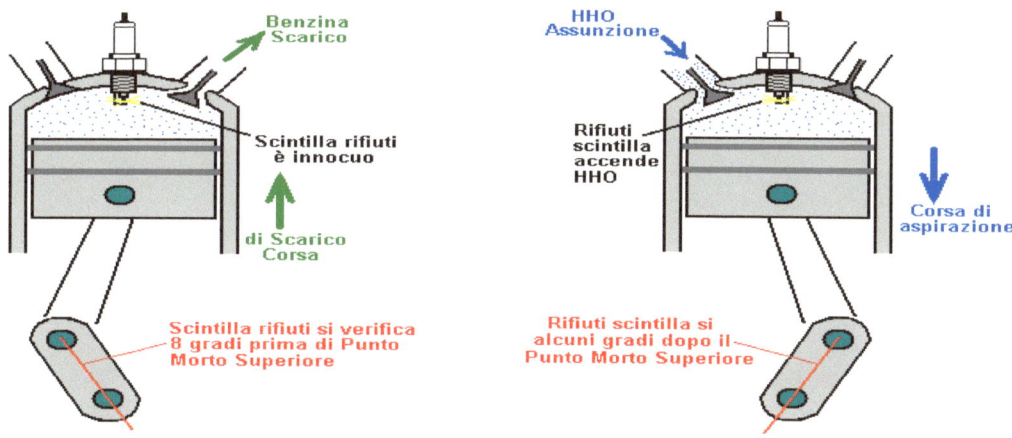

Noi sicuramente non vogliamo che ciò accada, per cui è molto importante che sopprimiamo quella ulteriore scintilla "*inutile o parassita*".

Quindi, questo ci lascia con due regolazioni del motore: ritardo dell'anticipo ed eliminazione della scintilla "*inutile*".

Ci sono, poi, vari modi in cui ciò può essere fatto e siccome ogni progettazione di motore è diversa, è difficile coprire ogni tipologia, tuttavia vi è una tecnica che può essere utilizzata con molti motori e che si occupa di entrambe le questioni contemporaneamente.

La maggior parte dei motori di questo tipo sono motori a quattro tempi con valvole di aspirazione e di scarico, forse qualcosa di simile a questo:

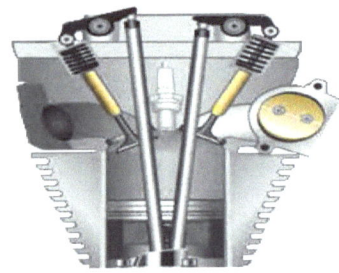

La valvola di aspirazione (mostrata a destra nella figura) viene spinta verso il basso da un albero a camme, comprimendo la molla e l'apertura della porta di ingresso.

La disposizione esatta sarà diversa da un modello di motore al successivo, ciò che è uguale è il movimento della valvola stessa e che il movimento avvenga solo ad ogni seconda rivoluzione.

Esistono diversi modi di utilizzo del movimento per eliminare la scintilla parassita e ritardare la temporizzazione.

Se un interruttore è stato montato in modo che quando si apre la valvola di aspirazione si apre e si chiude nella stessa maniera, la chiusura dell'interruttore mostra quando il pistone inizia la corsa alta sulla sua corsa di compressione e un semplice circuito elettronico può quindi dare un ritardo regolabile prima che avvenga la scintilla della bobina che produce la scintilla.

Questo, naturalmente, comporta scollegare il circuito elettrico originale in modo che non si producano scintille secondarie.

La corrente che fluisce attraverso i contatti di commutazione può essere regolata per essere così bassa che non ci saranno scintille ai contatti quando il circuito è sollecitato di nuovo.

Il posizionamento dell'interruttore potrebbe essere così:

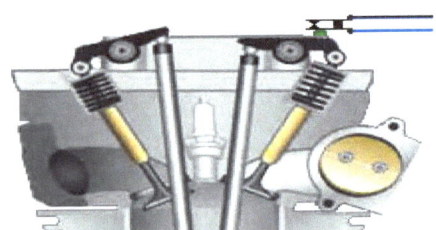

Un'alternativa è di collegare un forte magnete permanente al bilanciere, utilizzando della resina epossidica, e quindi posizionare un sensore a stato solido "effetto Hall", in modo che inneschi il ritardo prima che la scintilla venga generata.

Se il motore non ha una scintilla parassita, in teoria il meccanismo di temporizzazione del motore potrebbe essere usato per ritardare la scintilla.

Tuttavia, in pratica, il meccanismo di temporizzazione non è quasi mai in grado di ritardare la scintilla per la posizione necessaria per il funzionamento senza combustibili fossili e, quindi, sarà comunque necessario una sorta di circuito di ritardo.

Il tipo di circuito di ritardo necessario è chiamato "*monostabile*" in quanto ha un solo stato stabile.

Un circuito di base di questo tipo è:

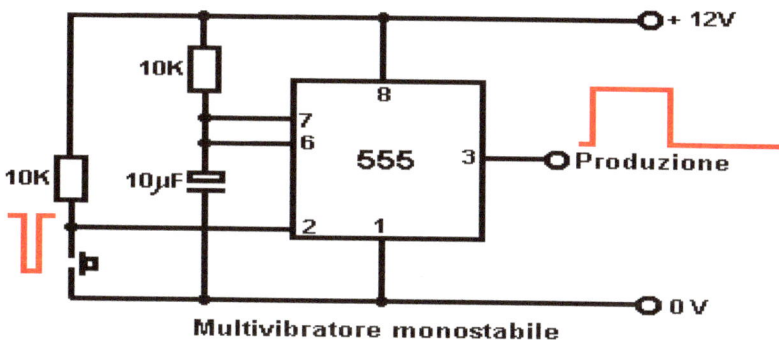

Multivibratore monostabile

Si possono utilizzare due di questi circuiti, il primo per dare il ritardo regolabile ed il secondo per dare un breve impulso al circuito di accensione per generare la scintilla:

13

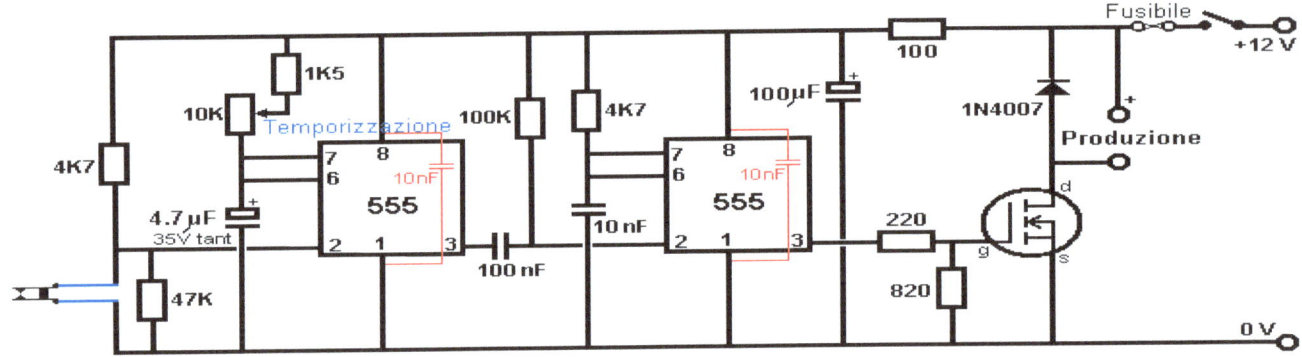

Produzione del Gas HHO

Quando il generatore è in funzione, abbiamo una immediata fornitura di energia elettrica proveniente da un dispositivo che è stato specificamente progettato per fornire grandi quantità di energia elettrica per qualsiasi applicazione desiderata.

Non abbiamo a che fare con la capacità residua derivante da un alternatore di una automobile, ma abbiamo una fonte di energia elettrica disponibile.

Detto questo, gli elettrolizzatori descritti all'inizio di questo documento sono efficienti ed è improbabile che occorrerebbe una quantità eccessiva di energia quando si utilizza uno di quei dispositivi.

Un altro fattore positivo, è che si tratta di un'applicazione statica per cui le dimensioni e il peso dell'elettrolizzatore non sono affatto importanti, e questo dà ulteriore flessibilità nelle scelte dimensionali.

Poiché questo è un progetto in cui è altamente probabile che l'elettrolizzatore venga azionato per lunghi periodi incustodito, dovrebbe essere fornito un sistema automatico di alimentazione dell'acqua.

I dati principali di tale sistema sono già stati trattati, ma ciò che non è ancora stato trattato è la commutazione della pompa dell'acqua.

La pompa dell'acqua stessa può essere quella di un normale lava parabrezza per auto, e abbiamo soltanto bisogno di un interruttore che operi a livello dell'elettrolito all'interno della elettrolizzatore.

È sufficiente far rilevare il livello in una sola delle celle all'interno dell'elettrolizzatore in quanto l'utilizzo dell'acqua sarà praticamente lo stesso in ogni cella.

Se si costruisce l'elettrolizzatore in una forma adatta, quindi, si potrà utilizzare un semplice interruttore galleggiante in miniatura.

Se si preferisce, invece, utilizzare un sensore di livello elettronico, potrà essere azionato mediante due bulloni attraverso il contenitore del elettrolizzatore come il sensore di livello.

Un circuito adatto per questo compito di semplice commutazione potrebbe essere:

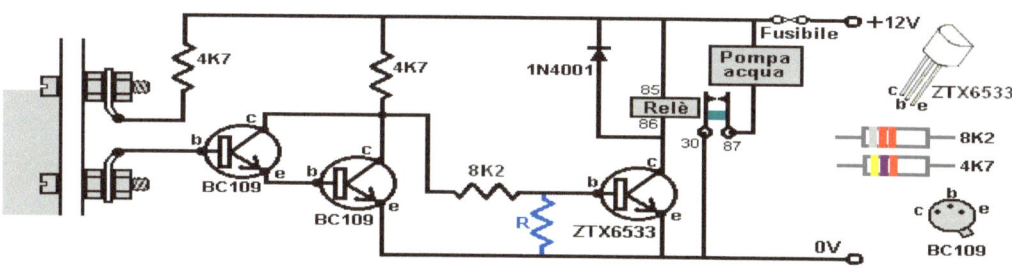

Quando il livello dell'elettrolita all'interno elettrolizzatore è a contatto con la testa del bullone superiore, il circuito viene spento e la pompa dell'acqua è spenta.

L'elettrolita ha una bassa resistenza al flusso di corrente, e quindi collega la resistenza 4.7K attraverso la base della coppia Darlington BC109, questo mantiene i due transistori commutati completamente e sui quali si mantiene la connessione 8.2K di resistenza molto inferiore ai 0,7 volt necessari per passare il transistor ZTX6533.

Se siete preoccupati che il transistor ZTX6533 rimanga parzialmente attivo, si potrebbe aggiungere, poi, la resistenza "R", anche se a dire il vero, il prototipo non ne ha avuto bisogno.

Il valore sarebbe di circa 2K, e quando il livello del liquido scende al di sotto della testa del bullone superiore, i primi due transistori si spengono ed il transistore ZTX6533 viene alimentato completamente dalla resistenza 4.7K e 8.2K del resistore in serie, fornendo i necessari 150 mA affinché il relè si accenda al massimo, il circuito, poi, assorbe circa 5 mA in stato di standby.

I numeri sul simbolo del relè corrispondono ai numeri di un tipico relè da 12 volt per automobili.

L'uso dei due transistor BC109 come front-end permette a questo circuito, se lo si desidera, di essere utilizzato con l'acqua del rubinetto.

Tuttavia, il livello di controllo dell'acqua per l'alimentazione del nebulizzatore stagno o del dispositivo a tubo di Venturi non necessita di alcuna forma di meccanismo particolare.

Lo standard di un meccanismo che viene utilizzato per servizi igienici, come quello della valvola a sfera di un rubinetto, è abbastanza adeguato, specialmente se il galleggiante è dentro un recipiente ermetico e mantiene sotto di se un livello d'acqua ottimale, ovviamente a patto che ci sia una profondità sufficiente affinché il meccanismo del nebulizzatore galleggi correttamente.

Accensione dell'impianto

Se lasciate per un certo periodo di tempo tutto fermo, la pressione del gas all'interno dell'elettrolizzatore cadrà perché la natura altera il gas HHO, ciò significa che non ci sarà sufficiente gas HHO disponibile per avviare il motore e, del resto, il gas non potrà essere prodotto finché il motore non azionerà il generatore.

Quindi, per affrontare questa situazione, è necessaria una batteria al piombo per auto in modo che possa essere commutata per sostituire il generatore per un breve periodo prima che il motore venga avviato.

Tale schema complessivo è il seguente:

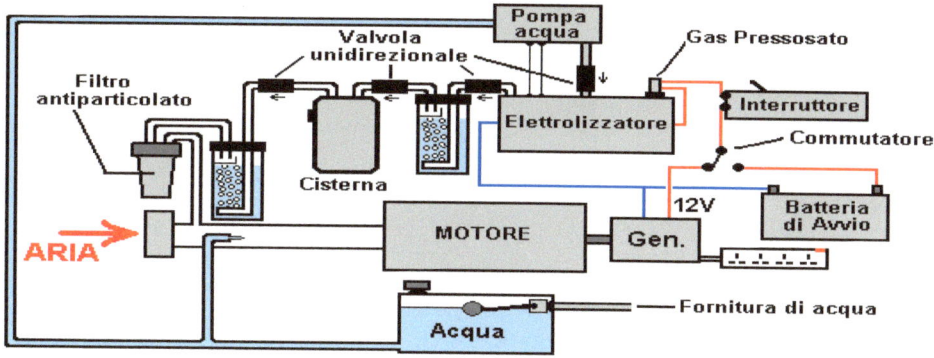

Questa disposizione è perfettamente in grado di far funzionare un generatore standard senza l'uso di alcun combustibile fossile.

Va notato che mentre nessun combustibile fossile deve essere acquistato per eseguire questo progetto di generatore, la cui capacità elettrica è tutt'altro che illimitata, lo stesso è piuttosto costoso in quanto vi è il costo di acquisto del generatore, dell'elettrolizzatore e dell'apparecchiatura aggiuntiva minore.

Inoltre, i generatori hanno una vita utile ben definita di lavoro e così dovrà essere rinnovato o sostituito.

Si potrebbe anche notare che se un generatore di questo tipo deve essere utilizzato in un ambiente urbano, bisogna prevedere l'aggiunta di opportuni accorgimenti per ridurre gli effetti sonori e, di conseguenza, sarebbe auspicabile un alloggiamento adeguato.

Sono stati visti sul mercato, nove diversi generatori elettrici che sono stati adattati per funzionare con acqua.

Almeno quattro di questi sono di produttori diversi, e il metodo di modifica dei tempi di rifasamento della scintilla parassitaria sono tra loro dissimili da un modello ad un altro.

Per esempio, un costruttore ha modificato la fasatura di accensione del suo generatore dopo il punto morto superiore ruotando il disco di fase in una posizione non prevista dal costruttore.

Il disco di fasatura è tenuto in posizione da un blocco ("chiave") a barra che si inserisce in un canale ricavato sull'albero del motore, corrispondente ad un canale simile ricavato nel disco.

La modifica è stata ottenuta tagliando un nuovo foro nel canale, consentendo al disco di fasatura di essere posizionato più attorno all'albero, producendo il ritardo richiesto.

Questa disposizione rende anche la scintilla parassitaria inefficace e quindi può essere ignorata, inoltre è una soluzione molto semplice in quanto si richiede soltanto il taglio di una scanalatura e si elimina la necessità di qualsiasi elettronica.

Se si ritiene che la costruzione di un elettrolizzatore così adattato sia un problema o che la quantità di corrente elettrica necessaria al funzionamento sia eccessiva, lasciate che vi mostri le cifre reali coinvolte.

Sappiamo, oramai, che *Michael Faraday* era un ricercatore eccezionale e molto rispettato, che ha determinato la quantità di corrente elettrica necessaria per convertire l'acqua in idrogeno e ossigeno per elettrolisi.

I suoi dati sono accettati da quasi tutti gli scienziati in tutto il mondo, anche se ha espresso i risultati del suo lavoro in termini astrusi per una persona media, e in buona sostanza affermano che una potenza elettrica di 2,34 watt produce un litro di gas HHO in un'ora.

In termini pratici, ciò significa che una corrente di 0,195 ampere a 12 volt produrrà 1 litro di gas HHO in un'ora (0,195x12 = 2,34).

Incidentalmente, solo una batteria al piombo quasi scarica avrebbe una tensione di 12 Volt, in quanto come stato di piena carica ne ha 12,85 volt ed un alternatore dell'automobile produce circa 14 volt per caricare la batteria.

È facile, quindi, confrontare l'uscita del gas di un elettrolizzatore direttamente con i dati forniti da Faraday, come qui mostrato, sulla base di una uscita del gas di 15 litri al minuto, che sono **900** litri in un ora:

Faraday: 900 litri in un'ora; si ha 2106 watt o 100% di Faraday (0,195x900=175.5 - 12x175.5= 2106W)

Boyce: 900 litri in un'ora, assorbono 998 watt o 211% di Faraday senza PWM

Boyce: 900 litri in un'ora, assorbono 180 watt o 1170% Faraday con impulsi da PWM

Cramton: 900 litri in un'ora, assorbono 90 watt o 2340% Faraday

Molto di ciò non è poi importante, in quanto è stato dimostrato che un tasso di produzione di gas di circa 3 lpm (180 lph) è sufficiente per far funzionare un generatore che produce 5500 watt.

Supponiamo, adesso, che il valore misurato è al 100% sbagliato e che ci vogliono **360** litri all'ora di gas HHO, oltre alla nebbia fredda, più aria, per far funzionare il generatore, quindi si avrà:

- **Faraday** avrebbe bisogno di 843 watt (0.195x360=70.2 - 12x70.2= 843W)

- **Boyce** avrebbe bisogno di 400 watt senza PWM

- **Boyce** avrebbe bisogno di 72 Watt con impulsi da PWM

- **Cramton** avrebbe bisogno di 36 watt

Nessuna di queste ipotesi sono importanti per il funzionamento di un generatore, perché un'efficienza dell'elettrolizzatore di solo il 50% di quella di Faraday, lascia ancora un eccesso produttivo di quasi 4 kilowatt su un generatore 5,5 kilowatt!!!

In genere, molti progetti di altri generatori sono stati adattati, modificando il volano, riempiendo la scanalatura e tagliandone un altra per dare una scintilla a 2 gradi dopo il punto morto superiore, ma l'esperienza ha dimostrato che un generatore da 6,6 kVA Honda V-twin con motore a benzina e il V-twin Vanguard funzionano molto bene a lungo termine, quando vengono adattati per funzionare solo con acqua.

Problemi di Logorio e Deperimento

Un uomo che vive in Alaska, molto esperto nell'uso di fonti energetiche rinnovabili e sistemi di alimentazione convenzionali, ha voluto rendere pubbliche le sue esperienze per chi intende utilizzare un generatore elettrico, sia con funzionamento con sola acqua che con combustibile fossile.

Ricorda le esperienze con un suo amico che decise di vivere "fuori dalla rete elettrica" perché sarebbe costato circa 20.000 dollari collegarvisi e siccome la sua casa non era grande, decise di scegliere un percorso alternativo.

Insieme progettarono un sistema che avrebbe usato un inverter da 4kW, disponendo di un generatore da 8kW con motore Briggs & Stratton con una capacità di 13 kW di picco.

Il sistema disponeva di 6 pannelli solari e di un banco di batterie da 24 volt con 400 ampere di capacità totale.

Dato che in Alaska ci sono lunghe giornate estive, i pannelli solari hanno una capacità più che sufficiente per la ricarica delle batterie nei giorni di sole, tuttavia quando il giorno è nuvoloso o quando c'è l'inverno, ci sono soltanto sei ore di luce solare e le batterie non si caricano mai completamente.

In questi momenti, il generatore viene utilizzato per ricaricare il gruppo di batterie.

I generatori americani hanno normalmente da due a quattro uscite da 120 volt ciascuno a 15 ampere, più un uscita di 240-volt nominali a 33 ampere.

Se una delle due uscite da120 volt viene utilizzata per caricare il gruppo di batterie, rimane solo l'altra da 120 volt per tutte le esigenze di potenza di altri utilizzatori nel periodo in cui il banco di batterie è in carica.

Questa non è una soluzione soddisfacente, in quanto operando con dei valori di massima potenza da un lato, e leggermente caricato o non utilizzato dall'altro, viene a determinarsi uno squilibrio nell'utilizzazione che, causando uno squilibrio all'albero motore del generatore, entro sei mesi provoca un guasto alle fasce o ai regolatori elettrici, provocando anche un funzionamento rumoroso e consumi eccessivi.

Inoltre far funzionare il generatore in questo modo, ad una velocità di 60 A di carica, fece sì che con solo due - due ore e mezza al giorno di attività, il costo della benzina salì a circa $ 350 al mese, ed infine il generatore si guastò dopo appena quattro mesi.

Per riequilibrare il carico sul generatore, si sostituì l'inverter con un trasformatore riduttore da 15 kVA , che tra l'altro costava di meno, in modo che potesse essere usata l'uscita da 240-volt per alimentare le batterie, tanto da lasciare libere le due uscite da 120 volt per le relative apparecchiature.

Un trasformatore da utilizzare per consentire ciò, deve avere una capacità di tensione di alimentazione che è superiore alla capacità di intervento del generatore.

Un vantaggio importante è che nel generatore la corrente si dimezza per ogni dato carico di corrente per apparecchiature progettate per funzionare solo con metà della tensione del generatore.

L'utilizzo di questo trasformatore ha fatto la grande differenza, dando un uscita bilanciata e fornendo una capacità di 90-amp di carica per il gruppo di batterie, oltre ad avere ampio margine per far funzionare altri apparecchi domestici, mentre tutte le batterie sono sotto carica.

Il risultato è stato un tempo di ricarica di appena un'ora e venti minuti al giorno, con il generatore in funzione silenziosamente e senza intoppi.

Inoltre il consumo di carburante è diminuito, passando ad appena 70 dollari al mese, che è solo un quinto di quello che era, riuscendo a recuperare il costo del trasformatore in meno di quattro mesi.

Questo generatore è in funzione ormai da alcuni anni senza alcun problema.

Modifica passo per passo di un generatore esistente

Selwyn Harris Australiano, ha gentilmente accettato di condividere le informazioni dettagliate su come si esegue la conversione di un generatore elettrico standard per poterlo fare funzionare con sola l'acqua.

Il generatore che usa come un esempio di questo tutorial è un generatore GX4000i:

Il fornitore dice:

GX4000i generatore di tipo portatile, ha potenza di uscita più uniforme paragonabile a presa diretta, ideale per l'alimentazione di carichi medi, quali:

- Utensili elettrici - sia monofase che trifase
- Console di gioco, fotocamere digitali
- Computer portatili, videocamere
- Illuminazione e forni a microonde
- Trapani, Smerigliatrici
- Carico resistivo, Elettrodomestici da Cucina (cioè Caffettiera, Tostapane)
- Emergenza Casa, backup di potenza dove è richiesta potenza di 240v

Inoltre, queste unità sono significativamente più silenziose di altre a causa della raffinata tecnologia dei motori.

Caratteristiche:

- Motore Commercial Grade: 196 cc 4 tempi, 7 cavalli, albero a camme in testa, TDI accensione
- Portata massima 4,0 kVA a 240 o 415V AC (Potenza nominale: 2.7 chilowatt).
- Qualità Costruzione resistente
- AVR (Regolatori Di Tensione Auto)
- Tre 240V e 415V uno Outlets Protette
- Core 100% rame puro
- Azionamento diretto Gearless
- Robusto telaio di design quadrato
- Facile - avviamento autoavvolgente
- Capacità olio: 0,7 litri
- Finitura a polvere
- Leggero e compatto per una maggiore manovrabilità (38,5 Kg)
- Livello di rumorosità: 69 dB

La prima fase della conversione è quella di rimuovere il serbatoio del carburante, che è tenuto in posizione con quattro bulloni, ciò consente l'accesso al carburatore che viene poi rimosso poiché non sarà utilizzato:

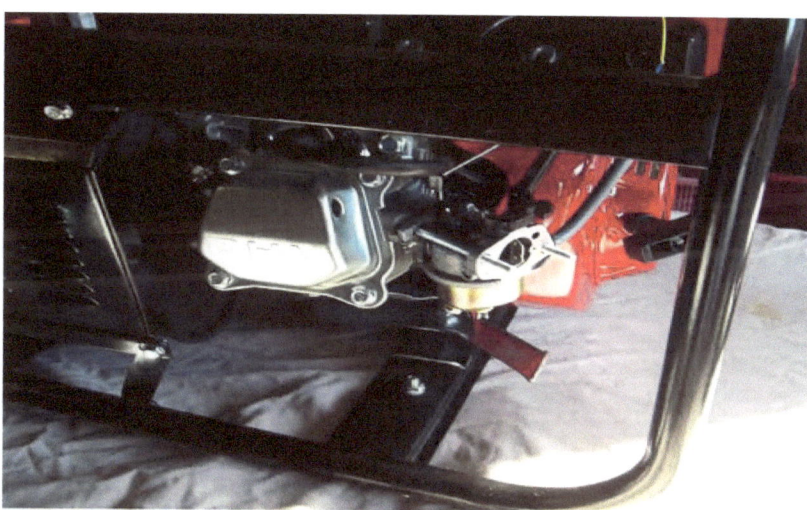

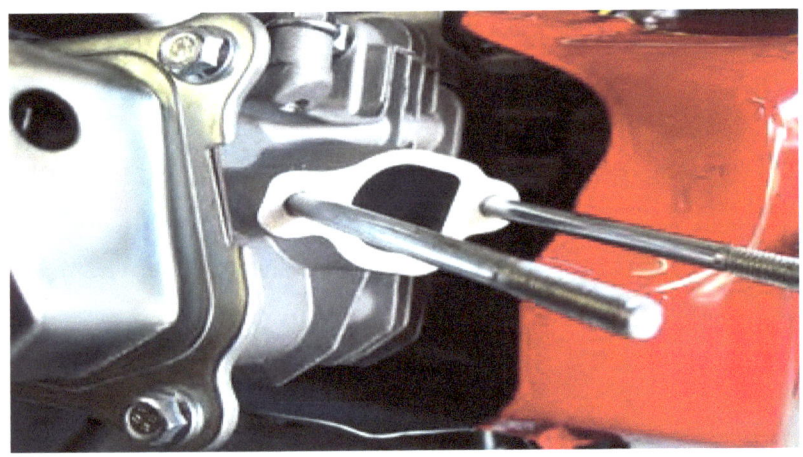

Il passo successivo è quello di costruire un meccanismo di rilascio della valvola a pressione che protegga l'apparecchiatura da danni nell'evento, improbabile, di un maggiore aumento improvviso della pressione causata dalla accensione indesiderata della miscela gas HHO utilizzato per alimentare il generatore.

L'occorrente per far ciò, può essere acquistato in un negozio di ferramenta locale, i raccordi in ottone sono da 12mm, un raccordo a T da 12mm femmina/femmina e un portatubo filettato da 12 mm, come mostrato qui:

I raccordi in plastica in PVC sono un riduttore da ½ "a 1-1/4" e un tappo 1-1/4 ", insieme con la pallina di un vecchio mouse e una molla di compressione relativamente debole per tenere la palla in posizione durante il funzionamento normale, in cui la pressione del gas è bassa:

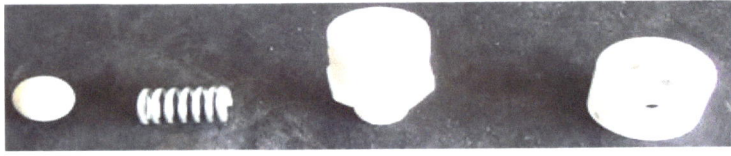

Questi componenti vengono poi assemblati per produrre la valvola di rilascio a pressione:

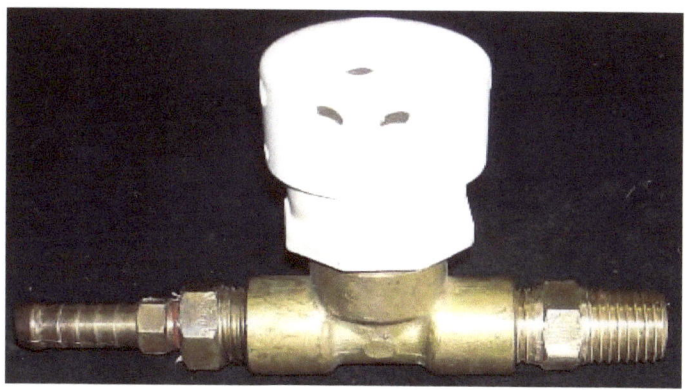

L'interno del flash-scaricatore si presenta così:

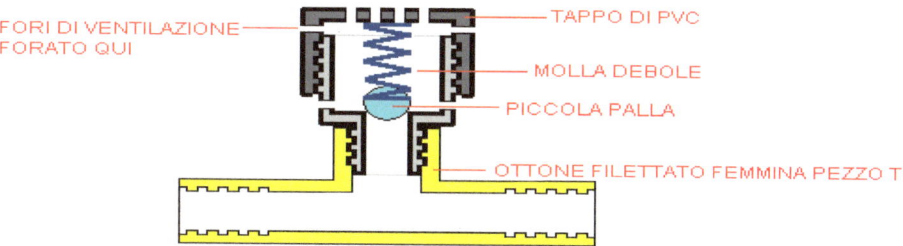

La piccola palla viene tenuta in posizione dalla molla consentendo al gas HHO di fluire, ma se si dovesse verificare un improvviso aumento della pressione, la pallina verrà spinta verso l'alto, aprendo il percorso attraverso i molti fori praticati nei raccordi in plastica:

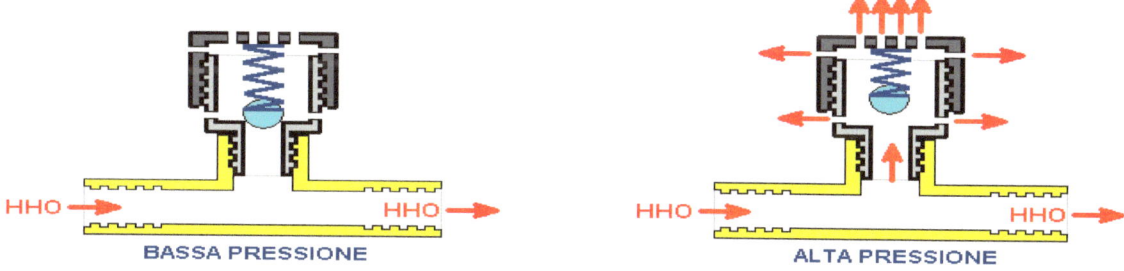

Quando la pressione del gas scende di nuovo, la molla spinge la sferetta verso il basso per la chiusura del foro di rilascio pressione.

Tuttavia, Selwyn aggiunge un ulteriore valvola a molla in caso che l'elettrolizzatore non riesca a produrre un volume sufficiente di gas per un improvviso aumento della domanda.

Questa valvola è denominata "valvola a depressione", anche se, a rigor di termini, si tratta di pressione ridotta, piuttosto che un vuoto reale.
Lo schema è mostrato sotto.

Si raccomanda di prendere nota del fatto che Selwyn utilizza il modello dell'elettrolizzatore di Hogg e che il design ha un gorgogliatore incorporato, quindi se si sta usando qualche altro modello di elettrolizzatore, si abbia l'accortezza di essere molto sicuri di utilizzare almeno una gorgogliatore tra l'elettrolizzatore e il motore, nonostante il fatto che ci sono pochissime possibilità che dal motore una scintilla possa accendere il gas HHO nell'elettrolizzatore.

Per un motore di queste dimensioni, un elettrolizzatore che produce 4,5 o 5 lpm di HHO dovrebbe essere adeguato.

Come già mostrato, l'aggiunta di acqua nebulizzata fredda attraverso un tubo di Venturi, abbassa la temperatura del motore e ne aumenta la potenza, in quanto la nebbia si converte istantaneamente in flash-vapore quando il gas HHO brucia, aumentando la pressione all'interno del cilindro e, quindi, la potenza.

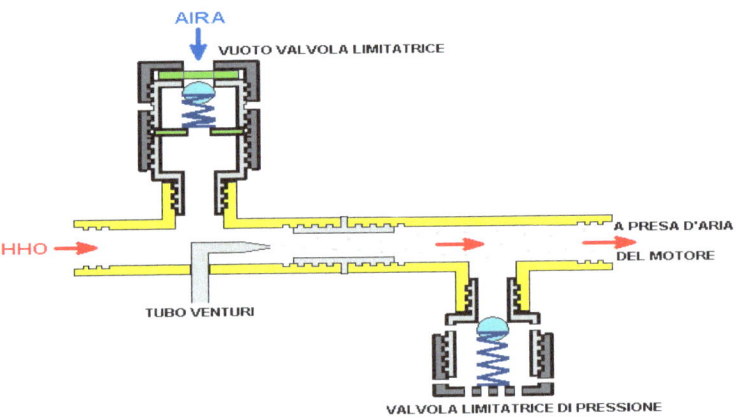

Successivamente, un pezzo di spessore di 6 mm di piastra di alluminio è tagliato e sagomato come la forma della guarnizione del carburatore, che non è un elemento simmetrico.

Questo viene fatto tracciando i contorni della guarnizione su una piastra di alluminio che, poi, viene tagliata e forata secondo la forma del contorno.
I bordi sono, quindi, limati per creare una forma adeguata all'ingresso del motore.

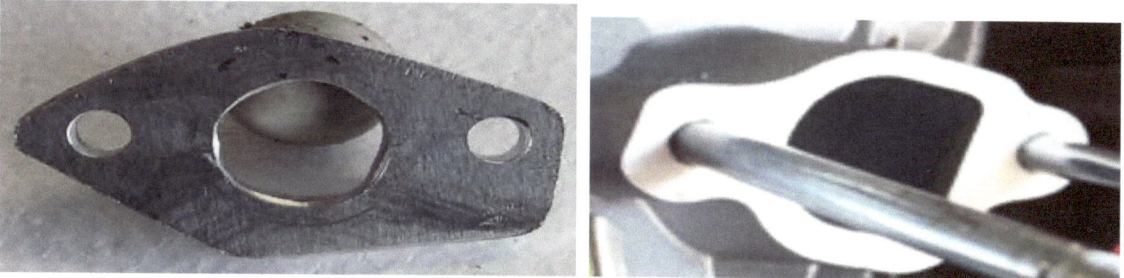

I tubi, la piastra di sostegno, la valvola di decompressione, la valvola di depressione, le guarnizioni, i dadi ed i bulloni vengono poi assemblati come mostrato sotto.

La maggior parte dei componenti della valvola di decompressione mostrata nella fotografia sono dipinte in blu per camuffare i diversi materiali utilizzati.

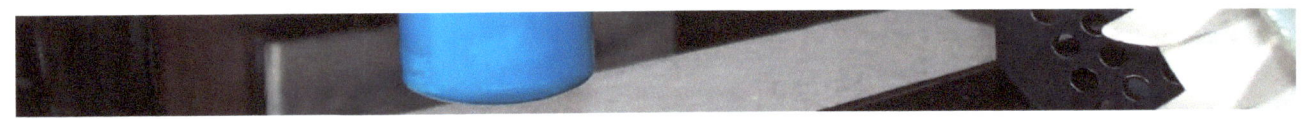

A questo punto si collega alla presa, un elettrolizzatore di qualsiasi modello che può produrre almeno 4,5 litri di miscela gas HHO al minuto.

L'elettrolizzatore che viene più spesso utilizzato da Selwyn è quello di cui al modello di Hogg illustrato da lui in questo capitolo.

Per cominciare adesso la rifasatura manuale del motore, si rimuove il coperchio del generatore, per farlo è solo necessario rimuovere quattro bulloni e tirarlo:

Nell'immagine si può osservare che il generatore ha un motore con l'avviamento a strappo, inoltre la freccia "A" indica il tipo di accensione magnetica ad impulsi con transistor di scarica (transistor discharge ignition) pick-up nella sua posizione originale, posizionato proprio ad 8 gradi prima del Punto Morto Superiore.

Per accedere a questo componente elettrico, deve essere rimossa una piastra di alluminio e quindi va rifasato il TDI spostandolo nella sua nuova posizione.

A causa del nuovo combustibile è necessario, quindi, ritardare il sistema di accensione, ciò può essere fatto in due modi, nessuno dei quali è particolarmente facile, quindi potrebbe essere necessario l'aiuto di un meccanico.

Il modo più semplice è quello di modificare l'accensione installata al Punto Morto Superiore per mezzo di una piastra di alluminio di adattamento del TDI che ha uno spessore di 2mm:

Nella figura di cui sopra, il foro dell'ingresso dell'aspirazione del carburante è temporaneamente bloccato durante la modifica.

Gli strumenti necessari per la costruzione di questi componenti sono un trapano e un seghetto alternativo dotato di una lama per metalli.

Selwyn ha usato questo metodo di modifica di fasatura su un suo proprio generatore, più piccolo, che ha funzionato senza problemi per un anno.

L'obiettivo è quello di ritardare la scintilla di accensione, da 8 gradi prima del Punto Morto Superiore al centro del punto morto superiore od a 1 grado dopo il Punto Morto Superiore, ciò consente una buona scintilla utile nella corsa di compressione e quando la scintilla parassitaria scocca, la valvola di aspirazione non è ancora aperta e quindi non c'è gas HHO è nella zona di accensione, vale a dire che la valvola di scarico si è appena chiusa e la valvola di ingresso non è ancora aperta.

Ciò si traduce in una buona corsa di compressione per il gas HHO che non rimanderà il pistone all'indietro a causa della prematura accensione della miscela di gas.

L'immagine qui sopra mostra la piastra di alluminio già montata pronta al successivo montaggio del pick-up.

Questa piastra deve avere, poi, dei fori in modo da consentire all'aria di raffreddamento del motore di fluire sopra le alette.

La piastra di adattamento del TDI si presenta così:

E come mostrato di seguito, la piastra di supporto viene forata con fori di ventilazione.

In questa fotografia la flangia è semplicemente appoggiata sulla piastra di supporto, dopo, quando sarà stabilita la posizione di fasatura del Punto Morto Superiore, la piastra di adattamento sarà imbullonata usando i primi tre fori e quello inferiore sul piatto bianco.

Ciò blocca l'impostazione della fasatura e la sincronizzazione non viene cambiata.

Infine i coperchi e la maniglia di avviamento devono essere rimontati al loro posto.

Invece di pagare qualcun altro per impostare la fasatura della nuova scintilla, è possibile farlo perfettamente da soli.
Un metodo efficace è il seguente:

1. Segnare la carcassa del motore in una posizione comoda, come mostrato in giallo in questa fotografia:

2. Rimuovere la candela e inserire un cacciavite lungo fino a sentire la sommità del pistone, quindi ruotare manualmente il motore (in senso orario per questo generatore come si può vedere dai pezzi curvi della ventola sul volano) finché il cacciavite è spinto più in alto. Sarà necessaria più di una rotazione per trovare questo punto con precisione. Quando si trova quel punto, segnare il volano direttamente in linea con il segno giallo già fatto. Questa marcatura deve essere molto precisa.

3. Continuare a ruotare il volano molto lentamente fino a quando il cacciavite comincia a scendere di nuovo e indicare il punto sul volano. Ancora una volta, questa marcatura deve essere molto precisa.

4. Misurare la distanza lungo il volano tra i due marchi gialli che avete appena fatto e poi fare un segno più grande sul volano esattamente a metà strada tra i due marchi.

Se avete fatto tutto con precisione, questo nuovo punto è proprio dove il volano si trova quando il pistone si posiziona esattamente al Punto Morto Superiore, che è proprio dove vogliamo che si verifichi la scintilla.

Il segnale riportato sul volano Selwyn è come questo:

5. Segue un po' di aritmetica; il diametro del volano è di 180 mm, il che significa una circonferenza di 3,14159 x 180 = 565,5 millimetri, e siccome ci sono 360 gradi in ogni rotazione del volano, il bordo esterno del volano si sposta di 1,57 millimetri per ciascuno di questi gradi.
La specifica originaria del motore era che la fasatura di accensione si trovava ad 8 gradi prima del Punto Morto Superiore dove si verificava la scintilla, quindi si voleva che 8 x 1,57 = 12,5 mm di circonferenza del volano passassero prima che avvenisse la scintilla.

6. Per raggiungere questo ritardo nella fasatura di accensione, il TDI deve essere spostato di 12,5 millimetri nella direzione in cui ruota. Si noterà che per questo cambiamento di fasatura principale, la regolazione del TDI è molto breve, solo un centimetro.

7. Quando la regolazione del TDI è stata fatta, la fase può essere controllata con una luce stroboscopica collegata al cavo della candela. Il motore può essere provato utilizzando un trapano elettrico. Appena il volano è in rotazione veloce, il lampo di luce stroboscopico fa apparire il marchio giallo sul volano fermo nonostante il fatto che sta ruotando molto rapidamente. Se la regolazione del TDI è corretta, allora il segno centrale realizzato sul volano sembrerà essere stazionario e perfettamente allineato con il segno sulla carcassa. Questo è esattamente quello che è successo quando il motore del generatore di Selwyn è stato rifasato, ma la cosa veramente importante è stato assicurare che la scintilla scocchi vicino al punto Punto Morto Superiore per essere certi, che la valvola di aspirazione sia completamente chiusa prima che ciò accada.

8. Due gradi dopo il Punto Morto Superiore è il punto comune dove far scoccare la scintilla per molte delle conversioni di generatore esistenti

di cui ho sentito parlare, proprio per ridurre il carico sulla biella del pistone.

Ecco una fotografia di conversione più recente del generatore di Selwyn avente il sua fasatura controllata:

La maggior parte dei motori a benzina di piccole dimensioni hanno la fasatura di accensione impostata tra 8 gradi e 10 gradi prima del Punto Morto Superiore. Se per esempio non si conoscano i tempi del particolare generatore, bisogna completare la procedura di marcatura del volano di cui al superiore punto 4, ma si devono fare tre altri marchi su ogni lato del marchio del Punto Morto Superiore.

Lo spazio di 1,5 millimetri va segnato a parte in quanto bisognerà poi fare una scala che mostra ogni grado da 3 gradi prima del Punto Morto Superiore a 3 gradi dopo il Punto Morto Superiore.

Quando viene utilizzata la luce stroboscopica, sarà mostrato esattamente dove si verifica la scintilla e se il motore aveva una fasatura di accensione originale che non era 8 gradi prima del Punto Morto Superiore e, di conseguenza, la scala segnata mostra subito quanto ulteriormente il TDI deve essere spostato per impostare la scintilla esattamente dove si desidera che si verifichi.

La Nebbia d'Acqua Fredda applicata al generatore

Ottenere le goccioline di acqua da mandare nel motore può essere fatto in due modi diversi.

Il primo modo è quello di utilizzare un tubo di Venturi che genera un getto fine di goccioline quando l'aria si muove rapidamente passando attraverso un piccolo foro pieno d'acqua.

L'utente non può averlo notato, ma questo metodo è stato ampiamente utilizzato negli spray di profumo ed è molto efficace.

Selwyn descrive come costruisce un tubo di Venturi:

Viene utilizzato un tubo di rame corto del diametro di 5 o 6 mm, generalmente è utilizzato per impianti di riscaldamento centralizzati:

Il tubo di rame viene poi riscaldato con un bruciatore a gas di un idraulico e viene piegato molto lentamente e con attenzione nella forma sopra indicata.

Alcuni trovano utile inserire nel tubo un idoneo materiale flessibile prima di iniziare la flessione - qualcosa come una molla a spirale in acciaio utilizzata nei tubi degli idraulici - che aiuta a mantenere rotondo il tubo di rame quando viene piegato.

Successivamente, l'estremità del tubo di rame, che costituirà l'ugello, viene riempita con lega d'argento e l'estremità piatta compressa, poi, si esegue un piccolo foro attraverso il tappo di lega d'argento e si lima come in figura.

Per farlo, deve essere utilizzata la punta più piccola possibile, anche se il foro successivamente può avere bisogno di essere portato ad un diametro leggermente maggiore, a seconda che il motore lo richieda (che si capisce da prove successive):

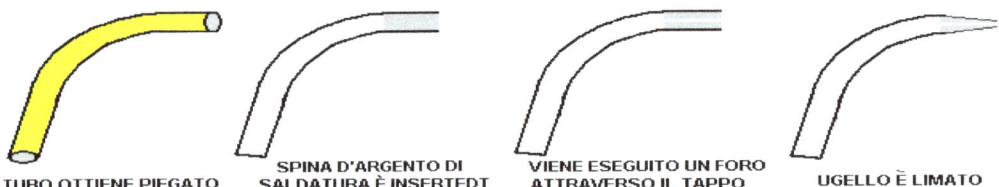

TUBO OTTIENE PIEGATO   SPINA D'ARGENTO DI SALDATURA È INSERTEDT   VIENE ESEGUITO UN FORO ATTRAVERSO IL TAPPO   UGELLO È LIMATO

Questo tubo Venturi deve essere inserito nel raccordo di ottone prima dell'aspirazione del motore, e quindi viene fatto un foro di circa 6 mm con un trapano, stando attenti a non lasciare trucioli di ottone all'interno, poi il trapano viene estratto molto lentamente con una leggera angolazione, data dalla lunghezza dell'asse del raccordo in ottone.

Il tubo di rame Venturi viene quindi inserito attraverso il foro e posizionato in modo che sia allineato esattamente con la mezzeria del raccordo in ottone e posizionato esattamente al centro della sezione trasversale del raccordo in ottone e, successivamente, saldato in opera:

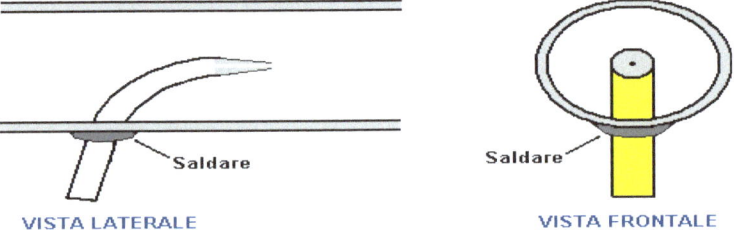

Saldare   Saldare

VISTA LATERALE   VISTA FRONTALE

Il metodo che utilizza Selwyn per bloccare l'estremità del tubo di rame con lega d'argento è di sigillare l'estremità del tubo con nastro e riempirlo con sabbia fina, come si vede sotto:

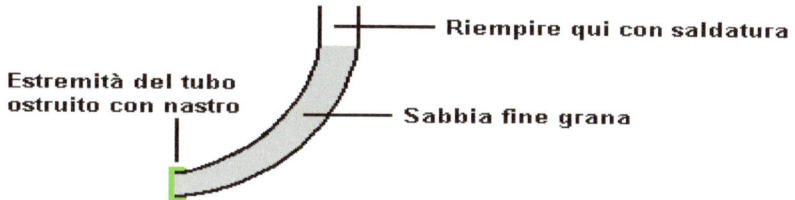

Riempire qui con saldatura

Estremità del tubo ostruito con nastro

Sabbia fine grana

Quindi il tubo è riscaldato con la fiamma del gas, e l'estremità della parte superiore del tubo viene riempita con una saldatura.
Quando la saldatura si sarà raffreddata, il nastro verrà rimosso e la sabbia fatta uscire scuotendo il tubo.

Quindi si eseguirà un piccolo foro attraverso la saldatura, soffiandoci aria per rimuovere qualsiasi residuo di sabbia, quindi si insufflerà dell'acqua attraverso il foro.

Poiché il tubo è breve, la sabbia rimanente può essere rimossa con uno scovolino o qualsiasi dispositivo simile da pulizia.

Il tubo di Venturi installato può essere visto qui:

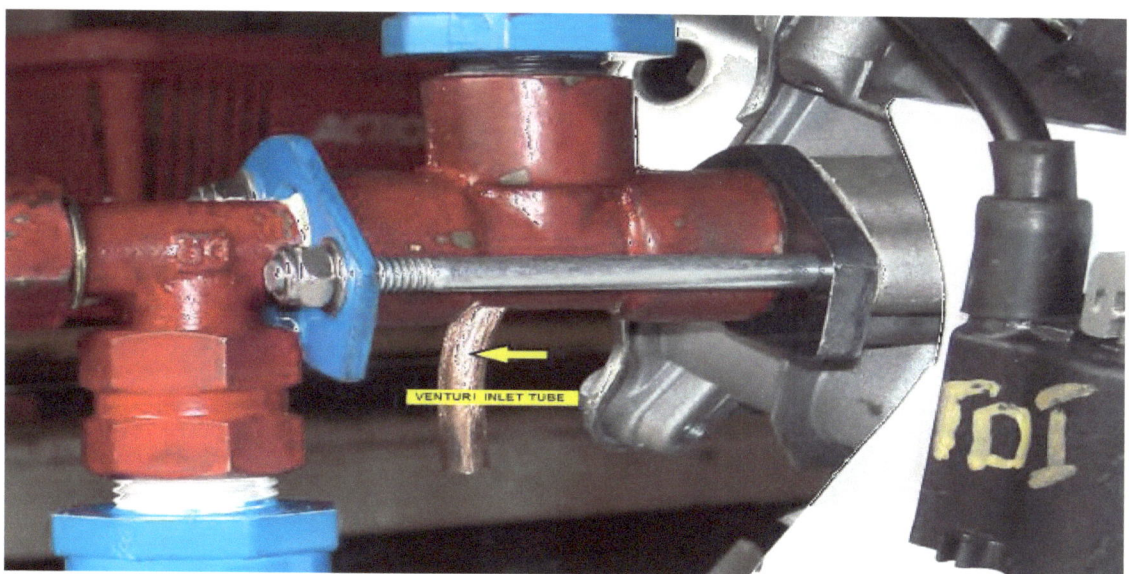

Il secondo modo per introdurre nebbia di acqua fredda nel flusso d'aria che entra nel motore è quello di utilizzare un "nebulizzatore stagno" commerciale, che può essere acquistato presso negozi di forniture per animali.

Questi devono essere alimentati elettricamente e collocati proprio nel contenitore dell'acqua.

Alcune delle versioni più avanzate, galleggiano sulla superficie dell'acqua in modo che producano la nebbia avendo un sezione sempre sommersa alla profondità ideale sotto la superficie dell'acqua.

Il generatore dovrebbe funzionare bene con 5 lpm di gas HHO più nebbia di acqua fredda, e può essere utilizzato ogni modello di elettrolizzatore.

Tuttavia, se usato con l'acqua piovana, l'elettrolizzatore tipo Hogg assorbirà circa 1,4 ampere per cella, per un quantitativo totale di circa 115 watt quando viene utilizzato con un alimentazione elettrica di 12-volt.

Mentre l'acqua piovana è presumibilmente pura, la realtà è che raramente la sua capacità di condurre una corrente non varia notevolmente da luogo a luogo e ancor più ampiamente da paese a paese, tuttavia, per quanto riguarda l'acqua, dice Selwyn:

"l'acqua che uso è trattata in modo speciale per assicurare che l'elettrolizzatore venga fatto funzionare all'amperaggio più basso possibile, per questo, utilizzare l'acqua piovana, è ottimale in quanto l'acqua piovana proveniente dal tetto in acciaio è la migliore".

L'acqua viene poi trattata inserendo una bobina doppia di filo di acciaio inossidabile in un volume di circa 5 litri di acqua.

Una alimentazione di 12 volt DC viene applicata alle bobine, e la corrente risultante dovrà passare per circa 5 ore attraverso le bobine.

Ciò si traduce in un acqua calda e molto sporca, che poi viene filtrata con un filtro di 0,5 micron rendendo l'acqua pronta per l'uso nell'elettrolizzatore.

Se è necessaria più acqua, ad esempio 30 litri, si possono lasciare le bobine in funzionamento per almeno 24 ore.

Una delle principali ragioni per fare tutto questo è quello di rimuovere i solidi sospesi in acqua in modo da non intasare la maglia di acciaio inox all'interno del elettrolizzatore.

Dopo che viene completata la costruzione del elettrolizzatore tipo Hogg, le maglie in acciaio inossidabile degli elettrodi devono essere trattate e pulite, per far questo si adopera acqua distillata fino a coprire tutte le lastre dell'elettrolizzatore, e quindi si aggiunge 1 bustina di acido citrico per ogni 3 litri d'acqua utilizzata per riempire l'elettrolizzatore.

Le pompe sono quindi fatte funzionare per circa un'ora, facendo sì che i tubi Hogg vengano lavati completamente con acqua distillata e poi lasciati asciugare completamente.

Questo rimuove qualsiasi residuo dagli elettrodi di maglia di acciaio inossidabile, rendendo la velocità di produzione del gas molto maggiore.

Si può anche utilizzare una batteria ordinaria di auto per generare il gas HHO necessario per avviare il generatore, dopo di che, un carica batteria standard alimentato dall'uscita del generatore potrà essere utilizzato per mantenere la batteria di avviamento carica.

Ci sono dei video su YouTube che mostrano un generatore in funzione, solo con quello che sembra essere gas HHO, tipo: http://www.youtube.com/watch?v=cMlciNOyo_U e mentre il generatore non sembra essere vicino alla piena potenza, l'aggiunta di nebbia di acqua fredda probabilmente farebbe una grande differenza per le sue prestazioni.

Funzionamento di un generatore non modificato con gas hho

La ragione per la modifica di generatori standard come mostrato sopra è dovuta al fatto che la miscela di gas HHO prodotto da un elettrolizzatore, infiamma circa mille volte più velocemente di un combustibile idrocarburo, e a causa di ciò, la scintilla che accende il combustibile deve essere ritardata.

Tale adattamento meccanico del generatore può essere evitato se la miscela di gas HHO è modificata in modo che accenda più lentamente, e questo può ed è stato fatto.

David Quirey della Nuova Zelanda, utilizza da molti anni un generatore modificato per alimentare una fiamma per saldare in uscita dal suo elettrolizzatore HHO di 6 lpm, di propria progettazione.

Henry Paine (US Patent No. 308.276 del 18 novembre 1884), affermava che il gas HHO può essere convertito in un gas che è molto più facile da maneggiare, tramite il semplice processo di gorgogliamento attraverso un liquido adatto come la trementina o l'olio di lino.

Malgrado l'inconsapevole brevetto di Henry Paine, David scoprì, indipendentemente, la tecnica e estese ulteriormente la tecnologia in modo che la velocità di accensione del gas possa essere impostata manualmente.

Un punto importante che David sottolinea, è che è essenziale che l'HHO proveniente dall'elettrolizzatore passi attraverso una comune acqua contenuta nel gorgogliatore, prima di passare attraverso il secondo gorgogliatore contenente un liquido modificato.

David ritiene che un liquido più leggero, come l'acetone, funzioni meglio dei liquidi suggeriti da Henry Paine, sebbene l'acqua ragia, il tetrafluoruro di carbonio, un carburante, l'esano o benzina possano essere utilizzati per rallentare la velocità di fiamma fino a quella del butano.

Se la fiamma viene utilizzata per un'attività specialista come per gioielleria o soffiatura, allora ci può essere un vantaggio in particolare utilizzando un liquido modificato.

David ha ulteriormente modificato le caratteristiche del gas in uscita, con l'aggiunta di una percentuale del gas HHO non modificato, ed anche se è, in realtà, sottile e sofisticato, il sistema globale di David è facile da capire.

Il rapporto tra i due gas è regolato dalle impostazioni delle due valvole di controllo come qui mostrato:

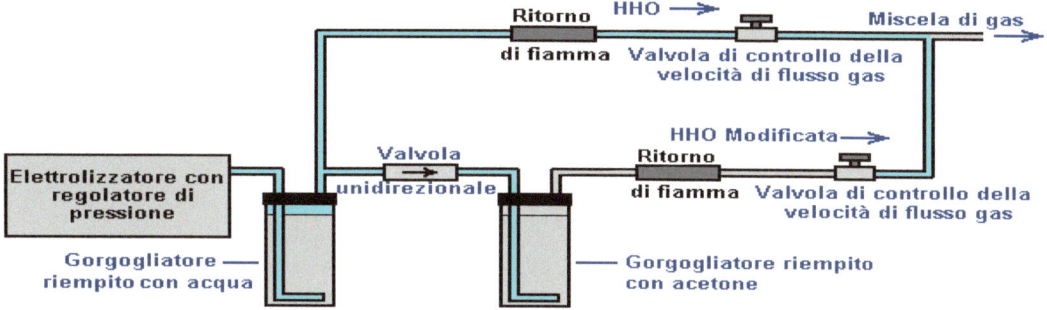

Regolando il rapporto di HHO modificato con HHO non modificato si ha un elevato grado di controllo sulle caratteristiche della miscela di gas risultante.

Aggiunto a questo, David ha messo a punto un sistema elettronico di controllo che supervisiona e gestisce il flusso del gas in base alle esigenze dell'utente in un dato momento.

Il risultato è un sistema che consente che l'acqua e l'energia elettrica siano i mezzi per fornire un gas che può essere utilizzato come un sicuro combustibile di uso generale.

Se viene utilizzato per far funzionare un generatore, il sistema sembra diventare autoalimentato se parte della elettricità prodotta dal generatore, è utilizzata per far funzionare l'elettrolizzatore.

Dovrebbe, quindi, essere possibile sostituire la miscela di gas modificato al propano o al butano ed essere usato per un'ampia gamma di apparecchiature esistenti, quale il riscaldamento, la cottura e/o l'illuminazione.

David fa funzionare un generatore di 4 cavalli Honda con questo sistema:

Il generatore funziona molto bene per David, però, si ha il sospetto che se l'acqua fredda nebulizzata è stata introdotta all'ingresso dell'aria, la potenza dovrebbe essere aumentata a causa della nebbia trasformata in spruzzi di vapore e della conseguente maggiore pressione sul pistone durante la sua fase di ritorno.

In alternativa, potrebbe essere possibile per utilizzare la migliore prestazione attuale, abbinare una minore produzione di flusso di gas, o eventualmente alimentare un generatore molto più grande.

Bisogna, inoltre, comprendere che David utilizza l'elettronica per gestire e controllare il volume del flusso del gas, adattandosi a qualunque siano le esigenze in un dato momento, di conseguenza è probabile che i sei litri al minuto che elettrolizzatore David può produrre, non vengano effettivamente utilizzati per gran parte del tempo.

David, infine, lo utilizza anche per la saldatura, la brasatura e il taglio con lo stesso mix dell'elettrolizzatore, modificando il gas in grado di fornire un calore regolabile della fiamma ed una sua lunghezza che può arrivare fino a due metri.

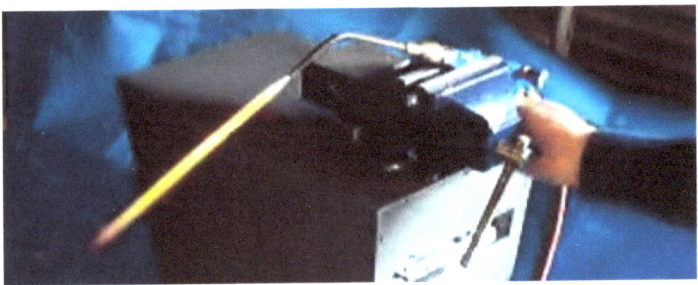

Taglio Pannello in acciaio per dimostrare le alte temperature
di fiamma e di calore con fuoco lungo l'asse

E' una buona idea di utilizzare un modello provato con un elettronica di controllo completa.

David può aiutarci qui con piani di costruzione dettagliati passo-passo e video didattici.

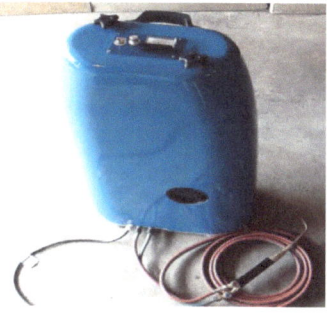

Quando si utilizza il sistema per la saldatura, David utilizza la rete per alimentare l'elettrolizzatore, la disposizione è questa:

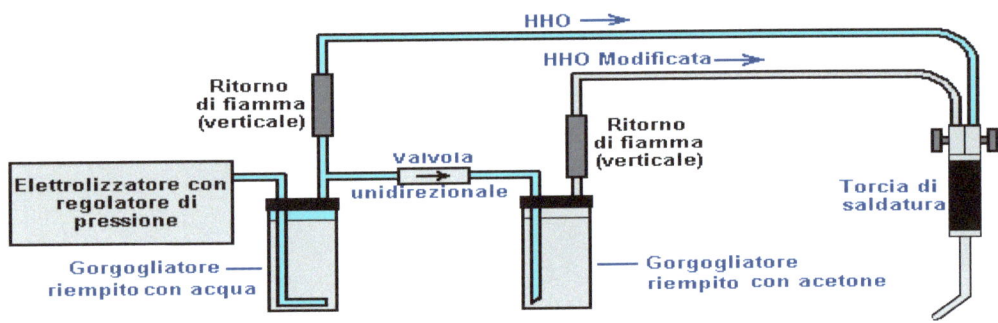

Gli anti-ritorno di fiamma sono pieni di sabbia e così sono montati verticalmente, Il tasso di produzione di gas è controllato tramite manopola da questo circuito:

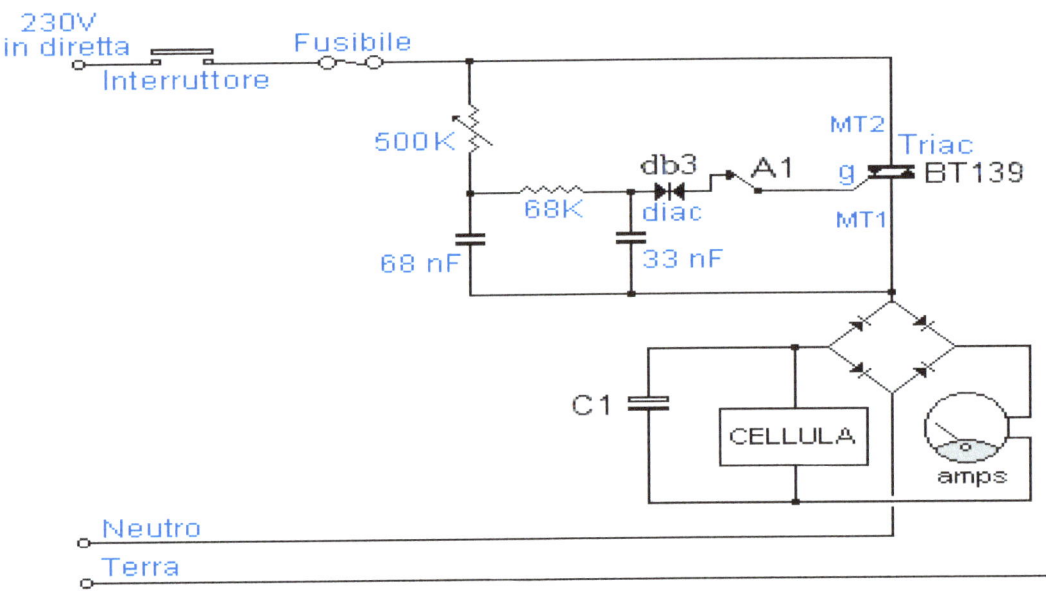

La prima parte del circuito di David Quirey agisce in un modo molto simile ad un interruttore della luce, i 230 volt di corrente AC vengono alimentati attraverso un interruttore On / Off e poi da un fusibile normale di rete elettrica.

Il flusso di corrente attraverso il circuito è bloccato dal BT139 Triac finché non riceve un impulso dal DB3 diac (che è un componente specificamente progettato per alimentare ad impulsi a un triac).

La tensione si accumula sul condensatore da 68 nanofarad ed, infine, raggiunge il punto in cui si inserisce il triac, che quindi passa e rimane acceso fino a quando la tensione di rete scende di nuovo a zero.

Il 500K è una resistenza variabile che imposta la velocità alla quale il condensatore carica, e quindi controlla la lunghezza del tempo in cui il Triac è attivo in ogni secondo (e quindi, il livello di potenza alimenta il resto del circuito).

Questo accade sia sul positivo a metà della forma d'onda del QCA, che sulla metà del fronte di discesa della tensione di rete sinusoidale.
Sia il diac che il Triac operano con AC ed il trigger sia con 100 o 120 volte al secondo a seconda della frequenza della rete locale.

Il flusso di corrente viene quindi passato da un ponte raddrizzatore per convertire da AC in DC e il condensatore C1 che è di 400 volt nominale, modifica la DC risultante.

La cella di David ha un gran numero di piastre ed opera entro i 300 volt prodotti da questo sistema.

L'amperometro tra il ponte di diodi e la cella indica il flusso di corrente e, quindi, la quantità di gas che viene prodotta in un dato momento.

Gli anti-ritorno di fiamma sono costruiti come illustrato di seguito:

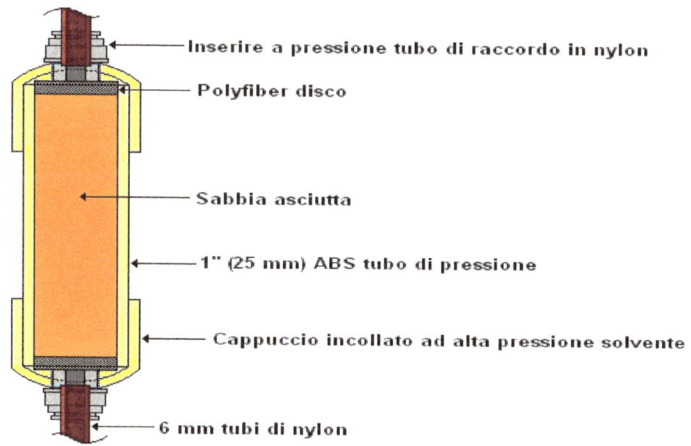

Sinceri ringraziamenti sono dovuti a David Quirey per aver condiviso liberamente il suo design e le sue esperienze, e per la sua disponibilità a fornire ulteriore sostegno diretto e maggiori dettagli che eventualmente potrebbero essere necessari.

Un pò di ripetizioni di fisica

Durante la prima corsa di un motore a 4 tempi ciclo Otto, il pistone si muove verso il basso e aspira aria dall'ambiente nel cilindro, durante il secondo tratto, il pistone si muove verso sù e comprime questa aria ad una pressione di 25 bar (atmosfere).

Secondo la "legge dei gas perfetti" si ha:

$p \times V = n \times R(m) \times T$

Variabili di stato:
p= pressione che il gas esercita sul recipiente
V= volume occupato dal gas
T= temperatura in gradi Kelvin
n= numero di moli del gas
R=8,31 J/Kmol è detta costante dei gas

la temperatura aumenta, a causa della compressione, al di sopra della sua temperatura iniziale ambiente.

Il rapporto di compressione del motore aumenterà la temperatura, normalmente, fino a 450 -500 ° C.

Questa seconda fase di un motore a ciclo Otto HA BISOGNO DI ENERGIA PER LA COMPRESSIONE!

Consideriamo ora che cosa possa accadere a microscopiche gocce d'acqua contenute nell'aria all'interno del cilindro.

L'acqua viene convertita immediatamente in bolle di vapore, e quindi il suo volume aumenta sensibilmente, aumentando la pressione all'interno del cilindro e, conseguentemente, aiutando il pistone durante la sua corsa di potenza a immagazzinare energia nel volano.

Si prega di notare, che la nebbia d'acqua non è vapore acqueo ... non è un gas! E 'ancora un liquido!

La DIFFERENZA importante diventa evidente durante la corsa di compressione!

Quando il pistone inizia a muoversi verso l'alto per comprimere l'aria che contiene le goccioline d'acqua, pressione e calore, come sopra descritto, iniziano a salire.

Ma la compressione non è in grado di aumentare la temperatura dell'acqua direttamente, in quanto l'acqua è ancora un liquido e quindi la temperatura dell'acqua non è influenzata dalla maggiore pressione!

Quindi inizialmente, solo la temperatura dell'aria aumenta a causa della compressione, ma non quella delle minuscole goccioline d'acqua presenti all'interno del cilindro.

Di conseguenza, la temperatura dell'aria diventa maggiore della temperatura delle goccioline d'acqua, il calore inizia a fluire dall'aria nelle goccioline d'acqua, riscaldandole!

Ma finché la temperatura dell'acqua non raggiunge il suo punto di ebollizione, le goccioline non si espandono a causa di questo aumento di temperatura e manterranno semplicemente lo stesso volume.

Così le goccioline di acqua agiscono come un assorbitore di calore durante la corsa di compressione!

Abbassare il calore implica una pressione inferiore, e abbassare la pressione durante la fase di compressione implica risparmio energetico durante la corsa di compressione!

Si prega di dare un'occhiata al seguente grafico (nel calcolo non sono incluse le perdite):

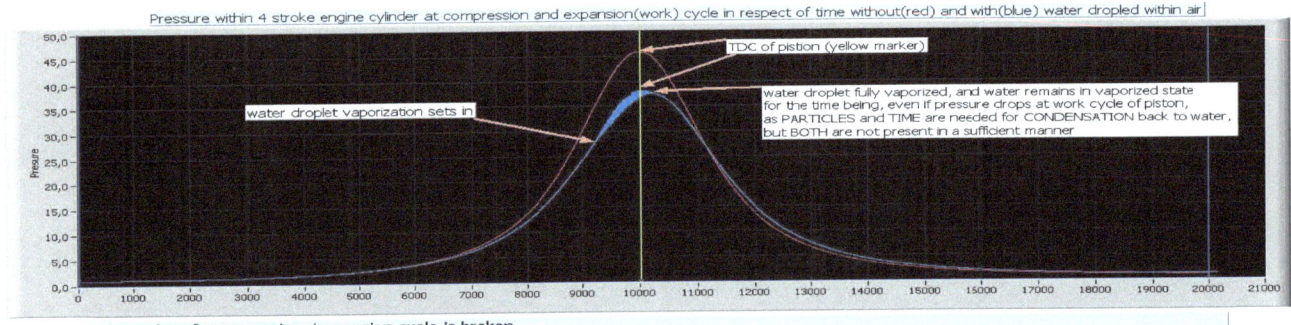

- symmetry of compression-/expansion-cycle is broken
- air/water droplets-mix moves the point of maximum pressure to the right due time delayed water vaporization
- as compression is done at LOWER pressure than expansion cycle, we get excess energy at the 3rd cycle (expansion), where pistion does work
- this excess energy is delivered by ambient heat, perceivable at exhaust temperature, which drops clearly below ambient temperature

Il grafico mostra la pressione all'interno di un motore 4 cilindri rispetto al tempo, a partire dall'inizio della corsa di compressione (seconda fase), che termina con la fine della corsa di potenza (terza fase).

Il lavoro che è necessario per la fase di compressione è rappresentato dall'integrale del grafico, fino a sinistra del segnale giallo.

Il lavoro che viene svolto dal pistone durante la corsa di potenza è rappresentato dall'integrale del grafico dal marcatore giallo verso destra del grafico (20.000 alla scala del tempo).

Supponiamo che il motore sia ideale (senza perdite).

La linea rossa rappresenta il grafico della pressione all'interno del cilindro del motore, se l'acqua non è presente, e non si verifica accensione.

Il grafico è simmetrico al punto morto superiore (l'indicatore giallo al centro) e, quindi, abbiamo messo un energia a comprimere e si ottiene il medesimo importo durante la terza fase (corsa di potenza), nessuna perdita, nessun guadagno, otteniamo lo zero positivo e negativo.

La linea del grafico blu indica che cosa succede, se sono presenti microscopiche goccioline d'acqua.
La pressione non è così alta quanto nel caso senza goccioline d'acqua, perché l'acqua funziona come un assorbitore di calore durante la fase di compressione, e questo ne abbassa la pressione.

La forma del grafico cambia, in modo che non c'è più la simmetria delle corse di compressione e di potenza, con conseguente guadagno di energia.

I fattori che influenzano questo processo sono i diametri delle gocce d'acqua, la distribuzione delle gocce, i giri del motore che controlla il tempo, la temperatura dell'aria ambiente, il rapporto di compressione del motore e anche la durezza dell'acqua e le sue proprietà fisiche.

Non possiamo, però, certo semplificare dicendo: "più acqua e regimi più elevati significano dare più potenza".

Ad esempio, se le gocce d'acqua sono troppo grandi, allora non vi sarà una conversione troppo elevata in vapore e, quindi, sarà prodotta un energia insufficiente.

Di contro, se ci sono gocce d'acqua molto scarse o troppo piccole, allora non ci potrà essere alcun effetto o la conversione in vapore potrebbe avvenire troppo presto per fornire un energia utile.

La teoria qui esposta è ovviamente molto semplificata, ma dovrebbe essere sufficiente per i primi passi verso una tecnologia migliore e una migliore comprensione dei concetti di "energia dall'ambiente".

Si è tentati di concludere che la potenza acquisita con le gocce d'acqua all'interno di un cilindro di un motore, è causata dall'acqua che si trasforma in flash-vapore e niente altro.

Tuttavia, ciò probabilmente non è un caso, né è un caso che l'energia immessa nell'acqua dal sole, per irraggiamento, si estragga come fonte di energia dall'ambiente.

Nel documento scientifico dal titolo *"Possibilità di liberare l'energia solare tramite esplosioni Arc d'acqua"* di George Hathaway e Peter Graneau, si è dimostrato quanto segue, nel caso che si produca una scarica elettrica ad arco dentro ad una nebbia di acqua fredda:

"La scoperta principale avuta negli ultimi due anni è che è l'insieme di gocce di nebbia d'acqua che esplode e non l'acqua liquida stessa".

Il termine *'Nebbia'*, deve includere non solo le minuscole goccioline che galleggiano in aria, ma anche le gocce più grandi che provengono dall'atmosfera e che potremmo più correttamente descrivere come "Miste".

L'unica spiegazione delle esplosioni finora proposta, sostiene che l'energia del legame intermolecolare nella nebbia è meno di 540 callg, il calore latente di acqua di bulk.

La differenza di energia di legame è quindi liberata in un salto quantico in cui la nebbia si forma in micro-secondi".

Riassumendo i loro esperimenti, essi concludono che:

"praticamente tutta l'energia cinetica sviluppata dall'esplosione deve essere energia interna all'acqua ".

Aggiungiamo che, in un precedente lavoro scientifico *"La forza anomala di esplosioni causate da nebbia fredda ad alta corrente Arcs d'acqua"* di N. Graneau, lo stesso commenta:

"La forza insolita di esplosioni causate da una corrente pulsata che scorre attraverso l'acqua al plasma è stata notata nel 1907 da Trowbridge nei

suoi primi studi sull'alta tensione nel laboratorio presso l'Università di Harvard, quando ha fatto passare un arco elettrico attraverso un getto d'acqua, l'esplosione risultante era più forte che nella normale aria del laboratorio".

Durante la seconda guerra mondiale, Früngel ha misurato la forza delle esplosioni di un arco elettrico nell'acqua e pubblicò i suoi risultati nel 1948.

Egli concluse che esse non sono state causate dal calore e dal vapore ed ha liberamente ammesso che non era in grado di spiegare il fenomeno!

Nel 1969, l'US Bureau of Mines ha pubblicato un lungo rapporto sulle loro indagini delle esplosioni di un arco elettrico nell'acqua per la frammentazione delle rocce.

In un esperimento, i ricercatori del Centro di ricerca mineraria hanno notato che la produzione di energia era apparentemente il 156% di quella all'ingresso, e questo risultato fu segnalato ma trattato come un errore sperimentale !

A conclusione, pare evidente poter affermare che usando le goccioline di acqua fredda nebulizzata in un motore a combustione interna si ottiene una certa energia per le seguenti utilizzazioni:

1. Riduzione dell'energia necessaria durante la corsa di compressione a causa delle goccioline d'acqua che assorbono parte del calore generato dalla compressione e quindi riducono l'aumento del volume di aria durante la compressione (più basso numero di giri rpm).
2. L'accensione, la conversione molto rapida delle goccioline di vapore, causato dalla loro superficie di notevole entità complessiva, produce un aumento molto rapido della pressione all'interno del cilindro.
3. L'energia interna dell'acqua causata da assorbimento di energia dal sole, prima di entrare nel motore, potrebbe essere un contribuito al processo di produzione di energia.
4. Sorprendentemente, è stato dimostrato che in queste condizioni, al momento dell'esplosione, l'acqua stessa contribuisce a dare energia, e questo è un fenomeno che molti illustri scienziati non riescono a spiegare, nonostante si possa osservare e misurare mentre accade.

Le deduzioni conseguenziali sono che sembra possibile che un motore a combustione interna possa essere fatto funzionare con nebbia fredda di acqua come combustibile, se è sufficientemente potente la scintilla al plasma che viene fornita da meccanismi particolari oggi in commercio.

In alternativa, può essere prodotto lo stesso effetto con una scintilla data da una candela ordinaria e l'aggiunta di una quantità molto modesta di una miscela di gas di idrogeno e ossigeno data dalla elettrolisi dell'acqua.

Possiamo, infine, affermare che se a prima vista sembra così improbabile che un motore a combustione interna possa funzionare con un mix di gas HHO, aria e acqua nebulizzata fredda, la realtà è che il processo è basato su solidi principi scientifici e processi comprensibili ma, certamente, ancora da studiare ed approfondire.

Riflessioni di alcuni ricercatori sul tema

Moray King ha prodotto un documento sostanziale che copre molti aspetti della energia-gratuita con particolare attenzione ai sistemi più insoliti, ed alcune cose che i ricercatori hanno scoperto ma difficili da spiegare.

Siccome dette riflessioni sono contenute in un volume di 166 pagine che contengono riferimenti, molti clip video e siti web specializzati, questo è solo un breve riassunto che può essere visto per intero su: http://www.free-energy-info.tuks.nl/MorayKing.pdf , che ha la caratteristica, non comune, di avere un icona in alto a sinistra di ogni pagina, che se si clicca dà visione ad ulteriori commenti.

Si inizia con Steve Ryan*, un uomo che vive a Auckland, in Nuova Zelanda, che ha mostrato una moto modificata e funzionante con sola acqua, nel programma cinico TV video a:*

 http://www.youtube.com/watch?v=POJQKg9CRJc

dove la completa ignoranza del presentatore è dimostrata ancora una volta.

Steve è scomparso dalle scene pubbliche oramai da lungo tempo, tuttavia Moray solleva la questione più rilevante: *"Come può l'acqua immagazzinare energia sufficiente per farla sembrare un combustibile?"*

Il primo passo per rispondere a questa domanda è quello di rendersi conto che la cavitazione (bolle da stress minuscole) dell'acqua all'interno di un elettrolizzatore produce energia in eccesso e, quindi, causare la cavitazione dell'acqua mentre circola all'interno di un elettrolizzatore è un importante punto di partenza, che sembra indicare che la maggior parte dell'energia del gas HHO non viene effettivamente dall'idrogeno.

Invece, l'energia di punto zero rimane intrappolata nell'acqua, quando le turbolenze, derivanti dalla sua circolazione, caricano l'acqua elettrostaticamente, aumentando il contenuto di energia man mano che il liquido circola, più volte, attraverso l' elettrolizzatore.

Mark LeClair, il fondatore della Corporation NanoSpire:

https://nanospireinc.com/

ha scoperto una microscopica forma cristallina di acqua che ha una straordinaria densità di energia.

Questa forma cristallina dell'acqua è simile ai plasmoidi microscopici scoperti da Ken Shoulders ed anche a quelli più grandi scoperti dal team Adamenko presso il laboratorio protone-21 in Ucraina.

Quando un plasmoide colpisce qualsiasi elemento, il risultato è la trasmutazione di tale elemento.

L'eccesso di energia e le più insolite proprietà del Gas di Brown, provengono da grappoli (cluster) d'acqua carica di gas che vengono conservati in una gabbia, a forma di anello, di cristalli d'acqua microscopici.

Questa funzionalità supera completamente l'elettrolisi standard dell'acqua, così come studiata dal grande Michael Faraday in cui è necessaria più energia per scindere l'acqua che può essere recuperata quando la miscela di gas risultante viene bruciata.

Questo è un processo completamente diverso così come spiegato in:

http://peswiki.com/index.php/Video:Water_as_Fuel_%28via_ZPE%29

in modo molto dettagliato sul sito web di Sterling Allan's PESWiki, dove si vede perché l'acqua può infatti fungere da combustibile.

Se si cerca "water fuel" su YouTube, si possono trovare più di 41.000 video, la maggior parte dei quali basati su elettrolizzatori, il che dimostra che vi è una crescente consapevolezza del potenziale dell'acqua come combustibile, e già in commercio ci sono molti elettrolizzatori disponibili.

Inoltre il Gas di Brown (HHO) ha proprietà insolite, come dimostrato dall'uso che Denny Klein ne fa per una torcia di saldatura come si vede qui:

http://www.youtube.com/watch?v=6Rb_rDkwGnU

e Denny, poi, ha modificato la sua auto in modo che l'acqua sia l'unico combustibile – la forza viene dal punto zero del campo energetico, ma l'energia è trasportata dall'acqua.

Sorprendentemente, quasi tutti quelli che stanno lavorando o sperimentando con il gas prodotto per elettrolisi, ritengono che l'energia risultante venga dall'idrogeno della miscela di gas, mentre la realtà è che questo non è effettivamente così.

Il Gas di Brown ha una fiamma fredda di soli 55°C gradi (l'acqua bolle a 100°C), eppure quella stessa fiamma può vaporizzare il tungsteno che richiede più di 5538°C e l'idrogeno che brucia non potrebbe mai far raggiungere tale temperatura !

Il Gas di Brown può anche ridurre drasticamente la radioattività dei materiali radioattivi mentre l'idrogeno che brucia non può farlo, inoltre quando il gas di Brown viene analizzato in un laboratorio high-tech, si trova pochissimo idrogeno mentre ci sono grappoli di acqua gassosa con elettroni in eccesso.

Questi grappoli o cluster d'acqua gassosa carichi, hanno gli stessi strani effetti energetici che ha il plasma-carico e sembra che sia una forma microscopica dei fulmini globulari, ampiamente studiata da Ken Shoulders che li chiamò "Oggetti esotici di vuoto " o "EVO", quando si convinse che la loro energia in eccesso veniva risucchiata dal campo energetico di 'vuoto' del punto zero.

Questi gruppi gassosi mostrano un raggruppamento della materia auto-organizzato, plasma e energia di punto zero.

Il raggruppamento tipico provocato da questo plasma turbolento è un anello di vortice chiamato plasmoide (che è spesso stato proposto come modello di fulmine globulare):

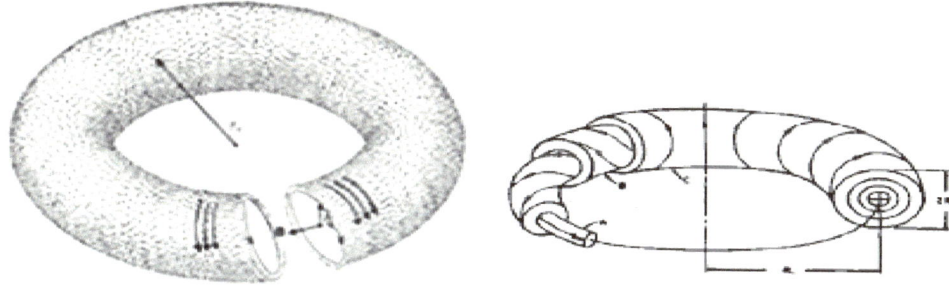

In un plasmoide, gli elettroni e gli ioni che girano a spirale intorno a un vortice ad anello e la forza aggiuntiva del vortice, creano una stabilità naturale che sostiene la forma del plasmoide.

Questi cluster di carica possono essere prodotti facilmente come mostrato da Ken Shoulders nel suo brevetto US 5.018.180 del 1991, dove dice che una brusca scarica elettrica emessa da un condensatore, attraverso un elettrodo appuntito, su una superficie dielettrica, crea un cluster di carica che viaggia sulla superficie del dielettrico verso l'anodo.

Assume la forma simile ad un micro fulmine globulare e può perforare la piastra test, lasciando un buco creato da un fenomeno di alta energia.

Il brevetto è ben scritto e descrive le possibili applicazioni della sua scoperta.

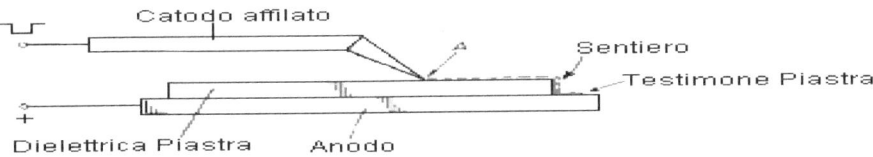

Il particolare oggetto vuoto formato da questo processo si crede contenga 100 miliardi di elettroni, oltre circa 100.000 ioni, dandogli un rapporto di carica-massa simile a quello di un elettrone, ma il fatto davvero interessante è che contiene più energia di quella che era contenuta nel condensatore che lo ha generato.

Questi cluster di carica aderiscono al dielettrico e possono rimanervi per lungo tempo.

Molti di loro possono raggrupparsi anche in una forma come quella di una collana, possono creare fori attraverso ceramiche con un alto punto di fusione come l'ossido di alluminio.

Ken ritiene che la creazione di questi fori nella ceramica è causato dalla rottura degli elettroni della ceramica che cosi sembra abbiano 'fuso' un foro attraverso di essa, ma che non è effettivamente prodotto dal calore.

Ha portato avanti, poi, esperimenti che dimostrano la trasmutazione di un elemento in un altro ed altri che mostrano come i materiali radioattivi si convertano in elementi non radioattivi.

Cluster di gas formatisi dall'acqua hanno le stesse caratteristiche degli oggetti vuoti di Ken, e provocano molti degli effetti più strani nell'utilizzo del gas di Brown, dove la fiamma "fredda" (130° C) non fa bollire l'acqua (che normalmente ha bisogno di 100° C per bollire) http://www.watertorch.com/, ma che tuttavia riesce a vaporizzare il Tungsteno che richiede ben 5555°C !

Si badi bene, che la fiamma del gas di Brown non vaporizza il Tungsteno riscaldandolo fino alla temperatura di cui sopra, ma, invece, lo fa interrompendo il legame delle molecole nel metallo.

Qui riportiamo alcuni paragoni:

Tungsteno

Fondere	6192 F	3422 C
Vaporizzare	10031 F	5555 C
Gas di Brown	**266 F**	**130 C**

Torcia

Acetilene	5972 F	3300 C
Idrogeno arco	7232 F	4000 C
Cianogeno	8477 F	4525 C
Dicyanoacetylene	9009 F	4987 C

Questo riscaldamento eccezionale, non può derivare dalla combustione dell'idrogeno!

Alcuni test hanno prodotto risultati interessanti; per esempio, se si riempie un palloncino con il gas prodotto dalla elettrolisi e lo si lascia sigillato per qualche tempo, gli atomi di idrogeno e le molecole piccole possono fuoriuscire attraverso il materiale del palloncino, facendolo cadere a terra.

Tuttavia, il contenuto rimanente nel pallone produce ancora una fiamma che brucia quando viene spinto fuori attraverso un piccolo tubo e acceso.

Un esperimento analogo è quello di riempire un sacchetto di carta con il gas, sigillare il sacchetto e lasciarlo così per dodici ore onde consentire all'idrogeno di fuggire; ciò che resta nel sacco è un gas più pesante dell'aria, che può essere acceso.

George Wiseman (http://www.eagle-research.com/) è uno dei principali ricercatori del gas di Brown, ed ha scoperto che il gas di Brown brucia verso il basso e che implode.

Nel 2008, Chris Eckman ha misurato le caratteristiche del Gas di Brown a Idaho State University.

Tali misurazioni hanno mostrato che vi era pochissimo idrogeno (monoatomico o biatomico) presente, e che esso è una forma di acqua con elettroni in eccesso, in pratica un gas che non è né acqua né vapore acqueo.

Quando acceso, la temperatura della fiamma è risultata essere di 130° C (Tecnologia Straordinaria, vol 2 (6), pp 15-25, 2008).

Quando si utilizzano i suoi elettrolizzatori acrilici, George Wiseman ha fatto un'osservazione che, dice, non è mai stata menzionata in nessun libro di testo che descrive l'elettrolisi:

Wiseman: Bolle Medio

Tra le piastre elettrodo che hanno una spaziatura larga di più di 10 mm, durante l'elettrolisi vengono prodotte tre serie di bolle: l'idrogeno è prodotto sulla lastra dell'elettrodo negativo e l'ossigeno è prodotto sulla piastra dell'elettrodo positivo, ma, in mezzo, a causa del divario tra le due piastre elettrodo, vengono generate una terza serie di bolle.

Molti ricercatori ritengono che queste bolle supplementari costituiscono la componente più energetica del gas - le cariche cluster di gas d'acqua.

Bob Boyce ha fatto una simile osservazione, notando che appena comincia l'elettrolisi, ci sono due flussi (Jets) di bolle più piccole che partono dalle piastre che scontrandosi in mezzo alle due piastre formano le bolle medie.

Bob Boyce: Due Jets Collisione

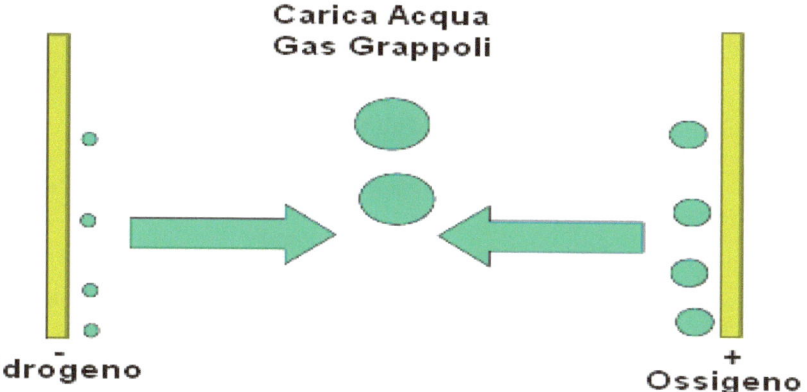

Ted Suartt e Rob Gourley (http://www.wateriontechnologies.com/) non solo hanno fatto la stessa osservazione, ma hanno sviluppato un processo ed un dispositivo brevettato che intenzionalmente raccoglie ed utilizza solo il set intermedio di bolle:

Suartt & Gourley Raccolto Mezzo Bolle

Suartt e Gourley, si resero conto che il gas elettrolizzatore dominante non era l'idrogeno, e sostenendo di essere stati i primi a scoprirlo, diedero il loro nome al gas, chiamandolo "SG gas".

Il loro processo di estrazione prevede, oltre al fatto che le piastre elettrodo siano ampiamente separate, il metodo di estrazione delle bolle di gas prodotte nella regione intermedia tra queste due piastre con l'esclusione dell'idrogeno e dell'ossigeno prodotto.

Hanno, inoltre, studiato le proprietà dell'acqua infusa con il gas, attestando che ha benefici per la salute.

Hanno, quindi, affermano che il gas di Rhodes ed il Gas di Brown sono, entrambi, sporchi "cocktail" che includono H2 o O2.

Le anomalie del Gas di Brown sono simili a quelle dei clusters di carica del plasma (Ken Shoulders' EVOs) e cioè:

- aderisce alla materia ed è elettricamente polarizzato;
- dà una scossa elettrica se implode per formare nuovamente acqua;
- in esperimenti di compressione con pistone, il gas isolato tende a implodere invece di esplodere, anche se, tuttavia, quando l'aria viene aggiunta alla miscela, l'aria stessa viene riscaldata causando un espansione complessiva;
- utilizzando una torcia per saldature, si ha una fiamma fredda ma può vaporizzare tungsteno, inoltre la fiamma taglia di netto materiali solidi;
- ha un alto punto di fusione dei materiali inclusi il legno e la ceramica, ed è in grado di saldare metalli diversi tra loro e può anche saldare acciaio a mattoni di argilla;
- la proprietà di neutralizzazione dei materiali radioattivi, nonché della trasmutazione degli elementi, sono straordinarie.

I commenti di Todd Knudston su queste proprietà si possono trovare in: http://www.amasci.com/freenrg/HHO.html.

Alla Conferenza su Tesla nel 2011, Vernon Roth ha annunciato che ha osservato trasmutazioni di elementi nella sua cella di elettrolisi, ed i dettagli di ciò sono riportati sulla pagina web di Sterling Allan al seguente URL:

http://peswiki.com/index.php/OS:Vernon_Roth%27s_Alchemical_Hydrogen.

L'importanza della cavitazione dell'acqua

Mark LeClair può spiegare come la cavitazione dell'acqua crea microscopici crateri sulle superfici metalliche, scava trincee su materiali ad alto punto di fusione come la ceramica, trasmuta elementi, e produce energia in eccesso.

Bolle di cavitazione sono state studiate, ed hanno dimostrato di produrre un inattesa energia in eccesso.

Non si produce, inoltre, nessuna luminescenza quando l'acqua miscelata con un gas inerte come argon o xenon, viene eccitata con onde ultrasoniche.
Una luce blu viene emessa appena ogni bolla collassa improvvisamente e simmetricamente.

SiCCome la luce blu viene prodotta da un effetto di riscaldamento, lo spettro blu indicherebbe temperature di oltre 9727° C!

La qual cosa ha indotto molti scienziati a suggerire che potrebbe essere utilizzata per la fusione calda.

Il premio Nobel, Julian Schwinger, ha suggerito invece che la luce è causata dall'energia di punto zero.

Sostiene che, la compressione scalare brusca delle pareti della bolla attiva un punto zero di coerenza dell'energia, emettendo la luce blu ad una temperatura molto più bassa, vedi:

http://en.wikipedia.org/wiki/Sonoluminescence.

Mark LeClair ha quattro brevetti sulla cavitazione controllata (in genere per il taglio di precisione di materiali): US 6932914, US 6960307, US 7297288 e US 7517430.

Cavitazione Controllata

Laser Sciopero	
Espansione Bolla	
Crollo Asimmetrica	
Torus Rientrante Getto	
Accelera attraverso il foro	

Obiettivo Cavitazione

Due Impulsi Laser Su fase	
Espansione Bolli	
Crollo Asimmetrica	
Torus Rientrante Getti	
Getto grande obiettivi più piccole bolle	

Bolle di cavitazione, si formano nella zona di bassa pressione dietro qualsiasi superficie in rapido movimento in acqua, le eliche dei natanti sono note per creare bolle di cavitazione che poi le danneggiano:

Cavitazione Erosione

Tuttavia, l'applicazione più utile per la cavitazione è all'interno di un elettrolizzatore.

Archie Blue ha aumentato l'efficacia del suo elettrolizzatore soffiando aria dal basso verso l'alto attraverso l'elettrolita.

La tecnica può essere applicata a molti dispositivi differenti di elettrolizzatore, le piastre degli elettrodi devono avere una superficie ruvida pulita con uno spazio tra loro di meno di un millimetro, al fine di consentire la cavitazione al gas di elettrolisi.

La stimolazione elettrica può utilizzare forme d'onda ad impulsi in CC, ma con un minimo di corrente e di elettroliti (ricordate che non stiamo cercando di fare l'idrogeno).

La circolazione d'acqua fatta il più rapidamente possibile, la carica elettrostaticamente fintantoché è anche possibile consentire la rimozione degli impulsi pulsanti esterni in CC.

Ci sono molti modi per causare la cavitazione dell'acqua:

- sviluppare gas di elettrolisi in spazi stretti;
- soffiare aria attraverso l'elettrolizzatore;
- creare un vuoto Venturi;
- vibrare l'acqua con mezzi meccanici, acustici o ad ultrasuoni;
- far oscillare un campo elettrico attraverso una bobina toroidale o tramite forme d'onda ad impulsi.

In quest'ultimo caso, i cluster caricati e polarizzati o le bolle, oscilleranno con il campo causando turbolenze e cavitazione.

Quando una bolla di cavitazione collassa in prossimità di un foro o di un irregolarità, forma un toro e tutta l'energia della bolla, collassando, viene concentrata in un flusso ciclico molto veloce.

L'alta pressione nel flusso crea un nuovo stato solido dell'acqua, un cristallo d'acqua con un arco elettrico al plasma che attira l'energia nel Punto-Zero.

Se si scontrano, i cristalli d'acqua possono formare piccoli anelli, che intrappola l'energia in una forma meta-stabile toroidale, questo è il nocciolo dei clusters caricati di gas d'acqua.

Quando vengono accesi, l'anello si rompe per rilanciare l'effetto LeClair dei cristalli acqua o, in alternativa, diventano nuovamente oggetti plasmodiali particolari vuoti, ciascuno dei quali dispone di energia in eccesso.

La rapida circolazione dell'acqua attraverso un elettrolizzatore provoca numerosi effetti energetici:

- l'acqua si carica a causa dello sfregamento elettrostatico;
- provoca turbolenza e cavitazione scorrendo attraverso spazi stretti e ruvidi;
- può far vibrare i piatti producendo una cavitazione lamellare;
- e, principalmente, riciclando l'acqua più volte attraverso l'elettrolizzatore viene reintegrato il suo contenuto di energia, ottenendo un livello di energia sempre più alto.

Spruzzando un acqua sufficientemente carica, come una nebbia nel carburatore di un motore, può dare l'impressione che l'acqua è un combustibile.

Questo è solo un breve riassunto di una parte del contenuto del documento di presentazione di Moray King, che potrete leggere per intero qui:

http://www.free-energy-info.tuks.nl/MorayKing.pdf.

Considerando quello che Moray King ha descritto, dobbiamo osservare, adesso, con più attenzione, i disegni dell'elettrolizzatore brevettato da Charles Garrett e Archie Blue.

INDICE COLLANA HHO VI

Lightning Source UK Ltd.
Milton Keynes UK
UKHW050920220219
337807UK00002B/36/P